Generación Botellón

Generación Botellón

RICARDO AGUILERA

Prólogo de

José Miguel Monzón (Gran Wyoming)

OBERON

Diseño cubierta: Carola Cerezo

Serie Actualidad

© Del texto, Ricardo Aguilera, 2002
© Del prólogo, José Miguel Monzón (Gran Wyoming)
© OBERON. Grupo ANAYA, S. A., Madrid
    Calle Juan Ignacio Luca de Tena, 15;
    28027 Madrid; teléfono 91 393 88 00
    ISBN: 84-96052-01-X
    Depósito legal: M-41105
    Impreso en Lavel, S. A.
    Polígono Los Llanos. Gran Canaria, 12
    Humanes de Madrid (Madrid)

Índice

ÍNDICE

Prólogo
Mensaje en la botella

Todos los que viven en islas desiertas conocen la costumbre de los náufragos de enviar mensajes en botellas. Si son muchos los que viven en esas islas, pierden la condición de desiertas y los náufragos la suya, ya que pasan a llamarse inmigrantes, legales o ilegales, según la suerte a la que les haya llevado la deriva, ya que no todas las costas son igual de receptivas, pudiendo darse casos de antropofagia, como les ocurrió a los marineros de Cabeza de Vaca, o picoletismo, como les ocurre a los que arriban a las playas de Tarifa sin su correspondiente tabla de surf.

Para practicar esta antigua y poco efectiva costumbre de mensajería vídrica, casi abolida en la era del teléfono móvil, primero hay que vaciar el contenido del recipiente para evitar que el papelito se moje y se corra la tinta, pues haríamos un flaco servicio al receptor-pescador-lector, si protegemos el papel de la humedad exterior al introducirlo en la botella, pero no tomamos medidas drásticas con el interior, como hace el señor Rajoy. Así, descubrimos las propiedades comunicativas de la botella, y la necesidad de la ingesta alcohólica para que dicha comunicación sea posible. Está claro que la libación no es imprescindible, en tanto puede arrojarse el contenido al suelo. Mentes cenizas podrían, incluso, apuntar que la botella bien pudiera ser de aceite, pero la pregunta que me hago es: ¿Facilitaría eso la comunicación? ¿Es necesario ponerse en el peor de los casos? Denle a elegir al náufrago, ¡por dios! Hay personas que son crueles hasta en la ficción, donde no cuesta nada hacer el bien, dar placer al personaje. Estamos de acuerdo en que desde el punto de vista de la corrección, con la botella de aceite, o de agua oxigenada, evitaríamos la palabra alcohol, pero no nos serviría para los fines del prólogo, del mismo modo que no compramos una botella de salfumán cuando lo que queremos es freír unos huevos. Así, los que hemos sentido la llamada de la vida, haremos sinónimos botella y alcohol, y si alguien la llena de agua bendita, porque cree que es milagrosa, coincidiremos en que no necesita de los efectos espirituosos, ya que los tiene suplidos por los espirituales, pero que deje de llamar alucinados al resto. Él está en el camino del bien, y los otros «on the road», que no se sabe si lleva al bien o al mal, porque lo que se busca es el viaje y no la meta.

¿Por qué se quiere evitar la palabra alcohol? Porque existe una necesidad alarmante de no procurar a través de la publicidad, de los comentarios, opiniones, artículos... la difusión de lo nocivo. Y lo nocivo se circunscribe, exclusivamente, a aquello que suponga un atentado contra la salud pública, entendiéndose por salud pública lo que pueda perjudicar al cuerpo de los españoles, poniéndose al mismo nivel delictivo el hecho de que a uno le den algo que no desea ni solicita y el que ese mismo fulano decida, en pleno uso de sus facultades mentales, tomar lo que le dé la gana; o sea que el cuerpo deja de ser propio para pasar a formar parte de un criterio colectivo al que llaman salud. ¿Por qué? Porque si se reconoce el uso y disfrute del propio cuerpo como a cada uno le venga en gana, no se podría perseguir, como de hecho se persigue, el consumo de sustancias prohibidas, ya que serían delitos sin víctima, y entraríamos en la polémica eterna de la justicia moralista que persigue delitos que comienzan y terminan en el propio delincuente. Mas si convierten nuestro cuerpo en una pieza de un proyecto colectivo que pretende alcanzar unos resultados, estaríamos traicionando a nuestra sociedad al sabotear las previsiones estadísticas cuando intentamos alcanzar el placer atentando contra nuestra constitución, nos referimos a la corporal (los delitos contra la otra, la que rige entre golpe de estado y golpe de estado, difícilmente se pueden cometer con el propio cuerpo, a no ser que se la utilice con fines higiénicos que no vienen al caso). Curiosamente, los mismos que se desentienden del bienestar de los ciudadanos, llevándoles en muchos casos por caminos tortuosos que rozan la crueldad y el sadismo (véase esos pinchos que pone el Ayuntamiento de Madrid en los bordillos de las fuentes para que no se pueda sentar el que espera, como si no prefiriera estar tomando un refresco en la terraza de una cafetería, o los separadores metálicos de los bancos de los parques y plazas para que no pueda tumbarse el que no tiene donde caerse muerto) y, sin embargo, decíamos, se preocupan mucho por su salud.

En un mundo donde se promulgan leyes que, por un lado obligan a respetar la propiedad privada, pero por otro no garantizan la más mínima seguridad o tranquilidad laboral, se somete al ciudadano a una presión, a un desequilibrio que le impide hacer proyectos de futuro. Con la flexibilidad del mercado laboral, que exige currantes de usar y tirar, ¿quién puede meterse en una hipoteca? Pues esos mismos a los que les importa un carajo que las castas inferiores vivan en el infierno, se preocupan muchísimo de sus juanetes, de sus esguinces y, sobre todo, de que no sean borrachos, porque una sociedad borracha, en nuestra cultura, es una sociedad enferma, y la enfermedad no es sino una consecuencia de un organismo deteriorado, que trasladado a la cosa administrativa, significa una sociedad injusta y mal gobernada. Para que esta patología no salga a la luz, se coarta la capacidad de ingesta alcohólica y, sobre todo, la libación pública que, practicada en masa, podría dar una imagen de frustración contradictoria con este «país de las maravillas». Se haría evidente la paradoja de que España vaya bien, pero no los españoles, y habría que redefinir el concepto de «Patria», limitándolo a un concepto económico-geográfico.

Total, que no es raro que al personal le dé por el botellón, o lo que venga.

Léanse el libro y opinarán con más criterio.

JOSÉ MIGUEL MONZÓN (GRAN WYOMINGS)

Introducción

Quien espere encontrar en estas páginas un informe científico sobre el botellón o una condena sin paliativos de este fenómeno, se ha equivocado de libro. Lo primero seguro que lo hallará en los estudios que sobre el particular han realizado sociólogos, antropólogos, médicos, psiquiatras y otros doctores de distintas especialidades. Para buscar lo segundo no hay más que acercar el oído a los corrillos vecinales de los barrios que han sufrido –o siguen sufriendo– los efectos colaterales del jolgorio juvenil.

Lo que viene a continuación no es más que un ensayo periodístico con un ojo en la calle y otro en la documentación. Los datos que figuran en este libro son de dominio público, muchos se han publicado en la prensa escrita y otros no ha habido más que solicitarlos a los organismos competentes. Lo mismo se puede decir de las opiniones aquí recogidas: ha bastado con hablar con la gente o leer lo que se ha escrito sobre el asunto. También ha habido otras fuentes menos específicas. Son aquellas que vienen de la observación directa de los hechos, de los años de convivencia con la problemática asociada al botellón, de las charlas con vecinos mosqueados y chavales achispados, de la memoria sobre las maneras de producirse de distintas «juventudes» y de la reflexión personal o compartida sobre el motivo de tanto desatino.

Si el fenómeno que todos conocemos como *botellón* ha sido noticia de primeras páginas, protagonista de circos televisivos y tertulias radiofónicas, es porque se trata de un suceso vistoso y molesto. No se trata, en cualquier caso, de un fenómeno de importancia capital, de algo que vaya a marcar un antes y un después en la vida de nuestra sociedad. Pero sí que estamos ante un síntoma al que hay que prestar atención. Infravalorarlo o pensar que todo se resuelve con una sonora llamada al orden es cerrar los ojos ante un indicador de peligro que no deja de parpadear. En el fondo de los botellones, entre borracheras iniciáticas, gamberradas anónimas, orgías de suciedad y desplantes incívicos, se esconden las carencias de una sociedad que sólo es capaz de ofrecer bienes de consumo. Somos tan pobres que sólo tenemos cosas, muchas y muy caras, pero sólo cosas. Nuestros jóvenes actúan en consecuencia: se comportan como niños ricos y mimados, desprecian lo que ya les viene dado, desconocen los modales y beben para olvidar el mundo en que les ha tocado vivir.

Nuestras ciudades, vistas a través del botellón, no son bonitas: dan asco. Si queremos cambiar las cosas será necesario intentar comprender las raíces de este problema, aunque es posible que en esa investigación encontremos problemas mucho más preocupantes que el botellón en sí mismo. Ayudar a entender qué es lo que está pasando es el objetivo de este libro. No hay duda de que habrán quedado fuera muchas consideraciones necesarias, muchos datos imprescindibles y no pocas opiniones pertinentes, pero por alguna parte había que empezar. Esperamos que la lectura sea placentera, aunque si se les atraganta, no se corten: bébanse algo. Salud.

RICARDO AGUILERA

1

Viaje al centro del botellón

Empecemos por el principio: ¿qué es un botellón? Reduciendo al mínimo sus características habría que decir que se trata de una reunión de jóvenes que beben y charlan en la calle. Dicho así, la verdad es que no parece nada del otro mundo, cosas de estas se han visto siempre, pero el botellón reúne otra serie de particularidades. Quizá lo más llamativo sea el enorme éxito de público que tiene esta actividad. Si bien es cierto que para hacer un botellón basta con que se junten cuatro gatos, los cánones no escritos de esta modalidad lúdica exigen multitudes. Tal afluencia de personal en la vía pública, bien pertrechado de bebidas de diversa graduación alcohólica y muchas ganas de marcha, diríase que es lo más parecido que hay a las fiestas patronales de cualquier pueblo o barrio, y, en efecto, así es. El botellón es una fiesta popular, un espacio absolutamente lúdico en el que sus participantes sólo buscan pasárselo bien, ajenos a las rutinas cotidianas y a los condicionamientos sociales. Un punto y aparte. Sin embargo, a diferencia de las fiestas verbeneras, el botellón es restringido y reiterativo. Restringido porque en él sólo participa un tipo de gente: los jóvenes. Reiterativo porque no se produce con ocasión de una fecha señalada en el santoral religioso o pagano, sino que sucede todos los fines de semana, las vísperas de fiestas y, en general, durante los periodos vacacionales de la muchachada. Otra de sus características fundamentales es la nocturnidad. Como si de un ritual vampírico se tratase, los aficionados a esta práctica nunca la realizan a la luz del sol, siendo frecuentemente la puesta y la salida de éste los hitos naturales que marcan el principio y el fin de la fiesta.

Así las cosas, habrá que empezar a matizar la primera definición del botellón. Ya no es una reunión callejera de jóvenes que beben y hablan, sino la toma recurrente de lugares públicos por multitudes con el cuerpo de jota y la garganta pidiendo guerra durante toda la noche. El panorama ya no es tan «de toda la vida».

DEL BOTELLÍN AL BOTELLÓN

Ahora que tenemos una idea somera de qué pueda ser eso del botellón, habría que preguntarse de dónde ha salido. Ya hemos apuntado que buena parte de sus características proceden de las fiestas populares, pero no es menos cierto que la costumbre de beber en la calle y en compañía es amplia y diversa en todos los rincones de España. Desde el chateo de mediodía, donde con frecuencia el aforo desborda los bares para tomar las cañas apoyado en los coches aparcados, hasta la irrefrenable pasión por las terrazas o la reunión vecinal a las puertas de la casa, beber al raso es algo realmente popular en este país.

Durante los mitificados años de las movidas varias (finales de los 70 y principio de los 80), se crearon costumbres sociales entre la revoltosa juventud de entonces que conviene recordar para mejor enjuiciar los botellones de ahora. En aquella época se hicieron muy populares las reuniones masivas a la hora del aperitivo en lugares clave de la ciudad, por lo general bien provistos de bares y bodegas, donde se formaban verdaderos botellones en plena rue. En estas reuniones fue donde el botellín de toda la vida –el quinto– cedió su protagonismo a la litrona –botella de litro de cerveza–, que adquirió la condición de auténtico tótem del momento. Aunque estas alegrías del personal reunían algunos de los elementos del botellón actual –juventud, alcohol, charla intensa, afluencia masiva– le faltaba el condimento de la nocturnidad. En aquellos años la noche era cosa de garitos donde se fraguaban los nuevos aires de la modernidad rampante. También es cierto que fue una época dorada de la hostelería noctámbula y juvenil, porque eran muchos los bares con ambiente que ofrecían a sus parroquianos actuaciones musicales, tertulias, permisividad con el consumo drogas, horarios de cierre laxos y precios razonables. Y no eran sólo esos los atractivos de aquella constelación de locales de todo tipo, sino que había algo más intangible: la sensación de estar en los lugares donde se estaba fraguando algo nuevo, un cambio sustancial de las relaciones sociales y la vida cultural del país. Toda esa infraestructura de refugios estrictamente juveniles y bien «enrrollados» –como se decía entonces– casi ha desaparecido por mor del signo de los tiempos y las ordenanzas municipales. No es de extrañar, pues, que si se deja a la gente en la calle, sea allí donde acabemos encontrándola.

GÉNESIS Y GEOGRAFÍA

Afirman los expertos que se han puesto a ello, que esto del botellón comenzó a principios de los años 90 en dos ciudades concretas: Cáceres y Salamanca. Démoslo por bueno, aunque poco importa, la verdad, si fue aquí o allá. En cualquier caso es muy posible que ambas ciudades fuesen las pioneras de esta nueva forma de divertimento. Son conocidas en toda España las irrefrenables ganas de jarana de la juventud cacereña, pertinaz azote de su casco histórico con los cascos de sus botellas. Por su parte, Salamanca es, como se sabe, meca de estudiantes de toda Europa desde hace siglos, y, por tanto, ciudad que cuenta con un abultado porcentaje de su población sometido a los ardores de los pocos años, candelas que por estos pagos siempre se han apagado con líquidos espirituosos. Botellones hay muchos en España. Además de los citados son famosos los de Granada y Sevilla, con características propias merced a la bondad del clima y las particularidades del vino ajerezado. También tiene su renombre el botellón valenciano, muy peculiar por el uso extensivo del coche, los equipos de sonido portátiles y el chunda-chunda inmisericorde de la música «bakala». Los botellones gallegos tiene como particularidad su cadencia estacional, cosa comprensible teniendo en cuenta la manta de agua que cae por la zona durante buena parte del año. Del vasco poco hay que decir que no venga en las páginas de nacional de la prensa diaria; allí el botellón está incluido en lo que llaman «kale borroka», que aunque parezcan fenómenos totalmente distintos, ya veremos más adelante cómo tienen elementos originarios muy similares. En Barcelona, sin embargo, se desconoce el fenómeno. Como secular y acertadamente se dice, es la más europea de las ciudades españolas, y parece que esta vocación cosmopolita la libra de determinados desahogos juveniles. No así a sus ciudades dormitorio, donde la población charnega parece más sensible a los atavismos ibéricos. Y de Madrid, ¿qué decir? Siendo, como es, el «rompeolas de las Españas», la capital se ha procurado el más magnífico de los botellones, tanto en cantidad como en calidad. Nos perdonarán que, obviando los de otras ciudades sin voluntad de menosprecio, nos centremos de ahora en adelante en el botellón madrileño, quizás el más conocido por su repercusión mediática y espejo en el que pueden verse reflejados buena parte de los anteriores.

MESSAGE IN A BOTTLE

Dada la mala prensa que tiene el botellón entre la ciudadanía bien pensante da algo de apuro señalar sus ventajas, pero si se quiere entender mínimamente el fenómeno conviene meterse en la piel de quienes lo practican para conocer algunos de los motivos que empujan a la chavalería a montar sus fiestas urbanas.

En todas las encuestas –y han sido muchas, quizás demasiadas– que se han hecho al hilo de la infausta fama que ha adquirido el botellón en los últimos tiempos, hay un par de ideas-fuerza que están en boca de todos sus participantes: «Es la forma más barata de beber» y «así no te dan garrafón». Lo primero es incuestionable. Las ofertas de bebidas en los locales surgidos al calor del botellón son económicamente tentadoras: una botella de alcohol de alta graduación (whisky, ginebra, ron, vodka o similar), más dos litros de refresco de cola, naranja o limón, los hielos y el vaso de litro, cuesta una media de 9 euros. Esa cantidad de líquido da para una docena de «cubatas». Esta misma ristra de combinados, pero suministrada en un bar cualquiera, cuesta entre 50 y 60 euros, si no más. Pero hay ofertas aún más asequibles: el «kit» de calimocho –dos litros de cola, uno de vino, vasos y hielo– sale por unos modestos tres euros. Y si se recurre a la litrona de toda la vida, la cifra baja hasta los dos euros. Evidentemente, el botellón renta, lo cual es lógico ya que en su precio no está incuida la serie de gastos que tiene un local abierto al público. Los chicos argumentan que recurren a este «self-service» de «compre aquí y bébaselo donde quiera o pueda», porque no les alcanza para nada más. Eso ya es más discutible, puesto que hay economías juveniles para todos los gustos, y no es extraño ver a la elegante clientela de Pachá salir de sus GTI para marcarse un botellón en la plaza de Barceló. Y es que, no conviene olvidarlo, el botellón también tiene su componente de moda y de costumbre social, y en él no todo se rige por el mero imperativo económico.

En lo que respecta a la otra respuesta unánime, la que hace referencia al garrafón, las cosas son muy de otra manera. Sin negar que haya bares en los que se rellenen las botellas con contenidos sospechosos, no hay más que darse una vuelta por los botellones más frecuentados para darse cuenta de que lo que allí se bebe no es «Chivas» precisamente. Los licores que se aprieta el personal callejero nos devuelven con frecuencia a la picaresca nacional que reflejaba el «Celtiberia Show» del maestro Carandell. Por allí pululan abortos de la destilería como los whiskys «BJ» y «Dyk», los temibles licores «Cuatró» y «53», o la nunca bien ponderada ginebra «Lirios». En cuestión de vinos, la palma se la llevan esos *tetrabriks* de Don Simón, gloria de los caldos nacionales, que se mezclan con refrescos de cola, naranja o limón, quizá para disminuir el gusto de la química etílica con otra de diferentes características, que ya se sabe que no hay mejor cuña que la de la propia madera. Las cervezas, eso sí, todas de marcas prestigiosas. Aunque estos datos no pueden apuntarse en el haber del botellón, hay que tener en cuenta que al paladar del bebedor primerizo le da lo mismo ocho que ochenta con tal de que valga cuatro. Concluyamos que la excusa de «evitar el garrafón» quizás la digan porque hayan oído campanas en no se sabe qué resaca.

Vayamos ahora a las ventajas intangibles del botellón, que vienen a ser las más reales, aunque las menos conscientes en el ánimo de sus practicantes. Tomar masivamente determinados entornos urbanos durante toda la noche pone a disposición de los jóvenes un lugar que pueden considerar propio, un espacio donde no rigen las normas que los adultos dictan en la casa familiar, en los centros de estudio o en el trabajo. Ni siquiera tienen que atenerse a las reglas de comportamiento exigidas en bares o discotecas, pues en la calle o en la plaza pueden jugar a la pelota, tocar la guitarra o el tambor, pegar saltos, gritar a voz en cuello, tirarse por el suelo o tirarse, sencillamente, a la pareja respectiva. Ni que decir tiene la ventaja que representa el botellón para los menores de edad que quieren salir a beber y vacilar, porque con la ley en la mano la cosa se ha puesto dura en este sentido, y los bares que se arriesgan a «menorear» con sus bebidas son cada vez más escasos. Tampoco hay que perder de vista que desde que las autoridades impusieron la «ley seca» a los porros en los bares, no hay manera de encontrar un sitio donde se pueda beber una cerveza amablemente acompañada de un canuto. No siempre fue así. Hace poco más de una década, cuando todavía no existía el botellón, se fumaba hachís o marihuana libremente en muchos locales. No es que estuviese permitido, pero existía una sutil tolerancia ante costumbre tan generalizada, sobre todo si se limitaba a determinados lugares con la complacencia de todos sus asistentes. Ahora sólo es posible fumar porros en la calle –y con mucho ojo– o en la propia casa, ésa que no tienen los más jóvenes. Por otra parte, bares y discotecas también son rechazados porque no facilitan la conversación –«la música está muy alta»– ni son cómodos para las reuniones de grupos grandes; y esto por no hablar de los chispazos de violencia que iluminan estos locales –a la que la juventud actual es bastante refractaria– y que raramente se producen en los botellones. Los muertos, todos lo sabemos, suelen estar en las puertas de las discotecas, justo al lado de los gorilas que vigilan la puerta.

El botellón comparte con cualquier otra forma de beber en grupo las cualidades de potenciar la empatía entre la gente, facilitar la desinhibición y, dado que es una práctica sin exclusión de sexos, propiciar el ligue. Como sucede en todas las aglomeraciones, sobre todo en los países mediterráneos, también es un perfecto escaparate –como el Rastro o las fiestas populares– donde se puede mirar libremente, y hasta con descaro, al resto del «ganado» humano. Los chicos, como se ve, quieren estar a sus anchas, hacer lo que les plazca en su tiempo libre, hablar entre ellos de sus cosas, ligar, beber, fumar y que no les salga la juerga por un riñón. ¿Tiene algo de raro? Son muchos los que comentan que lo que encuentran en el botellón es «una forma de desconectar de todo». Libertad total es la consigna.

Para acabar con la serie de ventajas que representa esta práctica para los más jóvenes conviene evaluar el componente de rebeldía y contestación social que encubre el botellón, aunque éste sea un tema extenso y ramificado al que volveremos en otras partes del libro. Si hay algo que está claro viendo a todos esos chicos disfrutando de la calle es que no quieren pasar por el aro al ciento por ciento. Por lo menos en su tiempo libre no quieren comportarse según las normas comúnmente aceptadas, sino que desean regirse por las suyas. Por una vez son ellos los que eligen, lejos de la engañifa publicitaria tipo: «Sé tú mismo, aléjate de lo convencional y compra todo lo que te vendemos masivamente en nuestra planta joven». Se han inventado algo que la industria del ocio, en su mayor parte dirigida al consumo juvenil, no había previsto y para lo que no estaba preparada. Los pequeños negocios que han surgido al calor del botellón –las tiendas de «los chinos»– son posteriores a la aparición de éste, no conviene olvidarlo, aunque la soterrada xenofobia nacional y el gusto por las cabezas de turco suele tergiversar en este punto los conceptos de causa y efecto.

RITOS Y TRIBUS DEL FIN DE SEMANA

Como cualquier comportamiento en grupo, el botellón tiene sus rituales. Los jóvenes los cumplen a *rajatabla*, probablemente sin planteárselo, simplemente porque es así. No hay manuales sobre el particular ni reglas estrictas, pero sí una línea común de comportamiento. La cosa suele empezar por la cita, que se realiza en los días previos al fin de semana en los lugares comunes –colegios, institutos, facultades– o incluso vía Internet. Estas citas, por supuesto, no se refieren a las multitudes que forman los botellones que anegan calles y plazas, sino a cualquiera de sus muchos sub-grupos, o sea, una pandilla de amigos de las de toda la vida. Una vez reunidos, lo primero es aprovisionarse de bebidas. Se hace un fondo común de dinero y con él se compra la oferta que venga más a mano en los comercios del ramo colindantes al lugar donde se va a realizar el botellón. Conviene advertir que no son los famosos «chinos» los únicos que se dedican a esta mercadería. Los supermercados populares de estas zonas son los grandes abastecedores de los más tempraneros, aquellos que forman el primer turno de ocupación callejera, de ocho a doce de la noche, y que son, lógicamente, la parte más joven –entre 14 y 18 años– de las huestes botelloneras.

Solventado el problema de intendencia, ya sólo queda elegir el lugar propicio para dar comienzo a las actividades de rigor: ingesta y charla, principalmente, sin olvidar juegos de habilidad de todo tipo, aporreo de instrumentos musicales y otras actividades al margen. Uno de los rasgos más chocantes del botellón es la costumbre de sentarse en el suelo. Muchos chavales argumentan que es porque no hay bancos suficientes para todos, pero la realidad es otra. En efecto, el Ayuntamiento no tiene previsto que haya asientos para mil personas en plazas como Barceló, Villa de París, San Ildefonso o Dos de Mayo, pero aunque los hubiera no serían del agrado de la concurrencia. Sentarse en el suelo es una manera de reafirmar su diferencia; es, sencillamente, algo que hacen ellos y los adultos no. Poco importan las consideraciones higiénicas o ergonómicas ante la necesidad de remarcar el «hecho diferencial» juvenil. Hay que sentarse en el suelo porque así es como lo hacen los de su super-tribu, en contraste con los que no pertenecen a ella. Una vez ancladas las posaderas en plena calle, la reunión forma de manera natural un círculo, formato ideal para verse las caras y poner en medio el aprovisionamiento alcohólico a modo de fogata etílica que caliente la conversación.

La charla es la actividad fundamental de estas reuniones. Si insistimos en que de lo que hablan es «de sus cosas», no estaremos descubriendo nada, pero sí que eliminamos las suspicacias que desde el mundo adulto se tienen hacia estas prácticas. Los jóvenes se juntan para hablar de sus preocupaciones inmediatas: los estudios, los amores, la familia, las aficiones y poco más. El grueso de la charleta se va en bromas, vaciles varios, piques dialécticos y otras formas del chafardeo ibérico.

Para conocer más sobre la dinámica interna de estos grupos hay que prestar atención al estudio que ha realizado la antropóloga María Jesús Sánchez, que ha dedicado seis meses a introducirse en distintos botellones. En entrevistas publicadas en el diario *El Mundo* (22 de diciembre de 2001) y la revista *Interviú* (18 de febrero de 2002) explica lo siguiente:

> «Los jóvenes que hacen botellón lo eligen libremente, ponen sus normas grupales y sancionan comportamientos como mantener una actitud pasiva o reflexiva. Las habilidades sociales o la

comunicación son la clave. (...) En las conversaciones priman los comentarios livianos, las risas, los chistes, donde se permite al sujeto quejarse, lamentarse o hablar de aquello de lo que le preocupa sin que por ello decaiga su prestigio social. (...) En los colectivos más jóvenes (menos de 18 años) hay más grupos mixtos, se da un mayor sentido a la cohesión, se habla de alcohol, no se diferencian los grados de cada bebida sino el efecto que produce en cada individuo y se recibe con poca tolerancia al intruso. En los mayores de 18 años se permite más la independencia (ir de un botellón a otro o dejar de ir de vez en cuando), se habla de varios temas, se recibe al nuevo con indiferencia y se detallan los grados de cada bebida. (...) De las pocas ocasiones en que había alguien que no estuviera bebiendo o compartiendo algunas de las cosas que se llevan a los botellones (hachís o marihuana) éste no ha permanecido hasta el final, y en muchos casos ha abandonado en poco tiempo al grupo».

De esta documentada descripción de las interioridades del botellón se desprende una función básica para su práctica: la necesidad –casi la obligación– de compartir. Los chicos comparten la bebida, pasándose el vaso de unos a otros, lo mismo que hacen con los canutos. Una persona ajena al grupo probablemente no goce de la confianza necesaria para que se le ofrezca beber del mismo vaso, pero si se la gana y acaba bebiendo, será una muestra inequívoca de su aceptación. Otro detalle curioso, y bien ligado al anterior, es que el botellón exige participación activa. No se puede estar en uno de esos círculos sin intervenir en la conversación, sin participar en sus juegos. En su función de actividad socializadora, el botellón ayuda a los jóvenes y adolescentes a reafirmar una personalidad todavía tierna en otra más grande que es la que surge del grupo. Con el que no participa en las actividades de ese grupo ni comparte los suyo con los demás, no hay identificación posible y será rechazado.

Antes hablábamos de una super-tribu, y conviene incidir en este punto. Según su localización, los botellones convocan a tipos concretos de jóvenes. No es lo mismo ir al que se forma en la calle Juan Bravo que al de los bajos de Aurrerá en Argüelles. En el primero es más fácil encontrar hijos pijines de buenas familias y en el segundo abundan los rapados. Los de la zona centro son más eclécticos. En ellos se da la singularidad de que pululan muchachos de muy distinta condición. En estos macro-botellones es fácil encontrar gente que viene de periferias de Madrid tan distintas como Majadahonda o Móstoles, con todo lo que eso significa. Los disfraces, como elemento de reafirmación de sus nacientes personalidades, también están a la orden del día, y muchos jóvenes lucen sus mejores galas de punkis, siniestros, rastas, skaters, red-skins y demás. Pese a sus a veces temibles pintas, estas «tribus vestimentarias» mantienen una actitud de absoluta tolerancia entre ellos, siendo muy escasas las peleas. Esto no es óbice para que los adultos que cruzan ocasionalmente una zona de botellón se sientan algo intimidados por el aspecto del personal circundante. Puede que ése sea el propósito: alejar a los elementos ajenos al grupo para sentirse más a sus anchas. A la postre, no pasa nunca nada o casi nada. No deja de sorprender a los observadores extranjeros del botellón nacional el carácter pacífico de éste, pues siempre aseguran –sobre todo, si son originarios de Gran Bretaña– que en su país sería imposible juntar a tantos jóvenes y tanto alcohol sin que se produjeran peleas constantes y sangrientas.

Siguiendo con el asunto del aspecto externo, hay que destacar que la mayoría, como era de esperar, no va disfrazada de nada en concreto, aunque siempre se procuren algún detalle que defina su cualidad básica: ser joven. Tatuajes, piercings, teñidos, extensiones y demás formas de reivindicar su extrema juventud, su diferencia con los mayores, son clave en estas reuniones. Para ilustrar la importancia de la vestimenta en la definición de un territorio espacial y de comportamiento por parte de un grupo, conviene atender a unas palabras del etólogo Irenaüs Eibl-Eibesfeldt, extraídas de su libro *Amor y odio*:

«Sabemos que el vínculo del conocimiento personal aplaca las agresiones. En las pequeñas comunidades humanas, por ejemplo, no impide que cada quien aparezca a diario con atuendos guerreros. Los hombres pueden portar armas, collares con dientes de animal, coronas de plumas, y mostrarse apantalladoramente agresivos. Todos los varones pueden hacer gala de fuerza guerrera, que desencadenaría agresiones si los hombres no estuvieran vinculados por amistad. Pero así, el compañero no relaciona consigo mismo la actitud agresiva e intimidatoria del otro, y lo ayuda en esa actitud, que los vincula; la agresión va dirigida hacia fuera, contra los extraños al grupo. En la formación anónima no sucede así. Cada actitud intimidatoria provoca agresiones que no pueden aplacarse mediante el vínculo de la amistad personal. Esto podría trastornar sensiblemente la convivencia, y observamos que el hombre lo tiene bien en cuenta, por cuanto se acomoda a la sociedad multitudinaria renunciando a su presunción viril. En todas las civilizaciones se presencia un proceso de "agrisamiento" del hombre. Su vestimenta se hace poco llamativa, sus adornos se reducen a un mínimo y se renuncia por completo a las armas. La conducta jactanciosa es proscrita de la sociedad. Cuanto menos exagerados el traje o la presentación, mejor. De este modo, las superficies de fricción se alisan lo más posible. Solamente las personas de elevada jerarquía, con las cuáles se identifica el grupo, pueden mostrarse fastuosas, pero hay también tendencia a la desaparición de esa pompa.

»La proscripción de las actitudes intimidatorias inflinge al individuo ciertas frustraciones, y vemos cómo los jóvenes, principalmente, se rebelan contra esa precisión conformista y dan a su aspecto exterior un sello marcadamente individual. Pensemos por ejemplo en el fenómeno de los "rockers"».

Como resulta evidente, el libro de Eibl-Eibesfeldt no es reciente, data de 1970, pero aunque el ejemplo de los rockers suene algo rancio, la idea general que expresa parece hecha a la medida del tema que nos ocupa.

2
Las barbas del vecino

H asta ahora hemos visto el botellón con buenos ojos, mirándolo, en la medida de lo posible, desde la óptica de sus participantes y tratando de entender sus bondades inmediatas. Sin embargo, si el botellón ha sido objeto de atención pública en los últimos tiempos ha sido precisamente por todo lo contrario, por los desagradables efectos que ha tenido en los vecindarios a los que afecta. Aunque es frecuente escuchar en boca de personas ajenas al conflicto que «no es para tanto», realmente hay que vivir en una zona objetivo del botellón para entender las dimensiones del problema.

«SE JUNTAN AQUÍ, ARMAN JALEO Y LO DEJAN TODO HECHO UN ASCO»

La cuestión fundamental es que esta práctica genera una ruptura de la convivencia entre los vecinos de un barrio y sus molestos visitantes. Esto llega a ser así por varias razones. La principal es la aglomeración. Si por botellón se entendiera un grupo de diez o veinte chavales bebiendo y charlando en la calle, tendríamos que concluir que ni es algo problemático ni, desde luego, nada nuevo. Una de las señas de identidad básicas del botellón es su magnitud. Estas reuniones de fin de semana son, como ya hemos señalado, resultado de la suma de muchas pandillas de amigos. Los grupos resultantes tienen dimensiones variadas, dependiendo sencillamente de la capacidad máxima para albergar gente del lugar escogido. Las plazas del centro de Madrid acogen a cientos de chicos haciendo botellón. Superadas ampliamente las capacidades de acogida urbanamente razonables de la zona, tal aluvión de gente dispara los problemas más pedestres. Las quejas del vecindario son las evidentes: ruidos y suciedad. Habría que añadir algunos más, como la toma en exclusiva de la vía pública por un grupo compacto y excluyente, o las gamberradas típicas de las borracheras juveniles, solo que en versión corregida y aumentada: tocar los timbres de los porteros automáticos, romper algún que otro retrovisor, destrozar cabinas telefónicas y mobiliario urbano en general, tirar los cubos de basura, etc.

El origen de estas aglomeraciones es diverso. Por una parte, parece evidente que a nadie le gusta estar en lugares solitarios. No es algo que sólo les suceda a los chicos jóvenes. ¿Por qué todos juntos en el mismo sitio? Por la misma razón por la que un bar está atiborrado y el de al lado vacío. Al español medio, a la hora de divertirse y beber, le gusta estar donde haya mogollón. También es notable el factor de moda. Un barrio se pone de moda y a él va todo el mundo mientras dure la novedad. Otra causa de este amontonamiento humano reside en el modelo urbanístico de las ciudades modernas, con sus barrios dormitorio y sus urbanizaciones de adosados. En este modelo ha desaparecido la plaza, lugar natural de reunión de la gente desde los tiempos del foro romano. Siempre ha sido así, pero ya no se hacen plazas, y las pocas que quedan son las del casco antiguo. Los chicos, como es lógico, van a las pocas plazas que hay –y a los parques– esco-

LAS BARBAS DEL VECINO

giendo, también de manera muy natural, las zonas de mayor «ambiente», esto es, las de copas. En una ciudad bien descentralizada, donde cada barrio tuviera atractivas zonas de diversión, probablemente las cosas fueran de otra manera.

La cuestión de la suciedad está ligada, por una parte, al problema de las aglomeraciones, y por otra a la escasa educación cívica. Unos cuantos cientos de jóvenes reunidos para beber en un espacio reducido tienen, para empezar, una necesidad perentoria y constante de evacuar. Como es de prever, los bares de la zona no están dispuestos a poner sus retretes al servicio de tan magna reunión en detrimento de su propia clientela. Por otra parte, el Ayuntamiento no parece contemplar con buenos ojos la posibilidad de establecer urinarios públicos. El caso de algunas plazas de Madrid es verdaderamente sintomático al respecto. Dos lugares clave del botellón madrileño, como son la plaza de Santa Bárbara y la de Barceló, cuentan con dichas instalaciones. Sin embargo, la de Santa Bárbara cierra justo a la hora en que dan comienzo los botellones, mientras que la de Barceló lleva años cerrada a cal y canto. ¿Cabe esperar que las autoridades municipales hagan algo en este sentido cuando siempre han actuado en el contrario? Así las cosas, el resultado son auténticos ríos de orines en calles, plazas, portales y zonas ajardinadas. Una guarrada de dimensiones épicas que amenaza no sólo el buen gusto, sino pura y simplemente la salud pública.

No acaban aquí los problemas de suciedad, por supuesto. A las micciones multitudinarias hay que añadir las frecuentes vomitonas de un personal primerizo en las artes del beber. Y luego está el capítulo de los restos sólidos urbanos, esto es, de las botellas, tetrabriks, vasos de plástico, bolsas de patatas fritas, etc., que dejan cuidadosamente desparramados por doquier los feligreses del culto botellonero. Ante el desolador panorama que presentan los barrios afectados tras el paso de esta marabunta se impone una reflexión, y es que nuestro país nunca se ha destacado por el civismo de sus gentes. Vivimos en la tierra donde se tira todo al suelo, y eso no es de ahora, sino de siempre. Basta con ver cómo quedan las playas tras el paso por ellas de las bien pensantes familias españolas para hacerse una idea cabal de lo que estamos hablando. ¿Cómo les podemos pedir a los más jóvenes que recojan los restos de sus borracheras si sus mayores vacían el cenicero del coche por la ventanilla, tiran los restos de las gambas al suelo de los bares y van dejando un rastro de bolsas de plástico cada vez que salen al campo? En este punto, como en tantos otros, la educación es el único bálsamo practicable, y todavía nos queda mucho camino por recorrer en este sentido.

Otra consideración acerca del marasmo de deshechos que deja el botellón cuando se retira a sus cuarteles –esto es, a casa de papá–, es que toda esa basura desparramada en la vía pública no es más que una consecuencia necesaria de la moderna sociedad de «usar y tirar». Ya habíamos apuntado que prácticas parecidas al botellón se vienen dando en las calles de nuestras ciudades desde hace décadas. Sin embargo, el signo de los tiempos cambia inevitablemente las formas. Si hace tan sólo veinte años el casco de una botella todavía tenía un valor de mercado, ahora la cosa es muy distinta. Los jóvenes que en los setenta u ochenta se juntaban alrededor de un pelotón de litronas sabían que, una vez acabadas éstas, no había más que devolver los vidrios para, con el dinero resultante, poder comprar esa última botella que sabe a gloria. Ya no es así. Ahora los continentes no valen nada, son tan fungibles como los contenidos. La super-producción de deshechos de nuestro modelo social es un problema que trasciende el asunto del botellón, desde luego, pero como se puede ver, también incide en él.

Ya que hemos hablado de las aglomeraciones y de la suciedad, pasemos al problema, antes sólo esbozado, del gamberreo. La figura del gamberro es un clásico del panorama humano nacional. Pocos son los que podrán decir que no han hecho el gamberro de jovencitos, sobre todo aquellos que hayan tenido que hacer la mili, forja inagotable de gamberradas alcohólicas. Lo que pasa ahora es que, en contra de lo que se dice, el tamaño sí que importa, y no es lo mismo que en un barrio hagan el gamberro una docena de hijos de vecinos que unos centenares de importación. En este punto volvemos a converger en el problema de las aglomeraciones, algo casi consustancial al tipo de sociedad en que vivimos. Uno de los fenómenos más chocantes de la sociedad de masas son precisamente las masas. Se suele decir que un conjunto de personas se comporta como el más tonto de sus componentes. Pensemos en un grupo grande de gente, unos miles de personas supuestamente humanas unidas por una motivación común. Inmediatamente se nos forma la imagen de una turba con ganas de bulla, coreando eslóganes, canturreando canciones chuscas, enarbolando banderas y pancartas, quizá tirando petardos; bebiendo, sin duda. Un grupito delezznable a carta cabal. Lo lógico sería pensar que estamos haciendo el retrato de una hinchada futbolística, y es verdad, pero no toda la verdad. Los rasgos fundamentales de este aguafuerte se reproducen milimétricamente en las manifestaciones de cualquier género: en el público de todos los deportes, en conciertos musicales, en festejos de todo tipo, e incluso entre los beatísimos congregados en las multitudinarias apariciones papales. El hincha es la manera de ser de la unidad de masa contemporánea. Y esto no es así por generación expontánea, sino que es un comportamiento aprendido. Cada vez que un equipo de fútbol gana un premio importante se suceden celebraciones masivas en las que el personal barbariza que da gusto. Cuando se retransmiten por televisión estas imágenes la voz en off del locutor de turno no va diciendo: «Vean cómo la chusma embrutecida destroza los monumentos históricos de la ciudad», sino que el discurso es más bien del tipo: «Observen la alegría de los seguidores del equipo campeón». Los ejemplos se podrían repetir hasta aburrir, pero la constante sería la misma. Este tipo de mensajes son un publicidad muy peligrosa que incide en el aprendizaje de formas y maneras de mucha gente, sobre todo de los más jóvenes. No se puede jugar con dos barajas y admitir un comportamiento determinado o no dependiendo de cual sea el motivo que lo origine.

Todas estas incomodas circunstancias –aglomeraciones, suciedad, gamberrismo, ruidos– han convertido los barrios objetivo del botellón en lugares incómodos para vivir. Tanto es así que se ha experimentado una notable caída en los precios de los pisos, lo cual confiere una dimensión crudamente económica a la cuestión. Es muy significativo que áreas del centro de Madrid que deberían estar especialmente cotizadas por su estratégica ubicación, estén perdiendo puntos en su revalorización inmobiliaria. Según datos de la Asociación Profesional de Expertos Técnicos Inmobiliarios, en zonas como las plazas de Dos de Mayo y Chueca la demanda de pisos ha caído paulatinamente en los dos o tres últimos años hasta alcanzar un 20%. Como consecuencia, los precios han tenido que bajar para poder vender, y lo han hecho hasta un 15%. Hay que tener en cuenta, además, que el tiempo que se tardan en vender es superior a lo habitual en otras zonas próximas exentas de problemática, llegando a los tres meses de media. Pese a que en barrios como el Dos de Mayo se han acometido recientemente obras de rehabilitación por valor de 14 millones de euros, el precio de venta de los pisos de la zona no lo ha reflejado de la misma manera que en otros lugares. Detrás de esta depreciación inmobiliaria está la conflictividad social del botellón y sus secuelas de orines y ruidos.

LA REVUELTA VECINAL

Si el asunto del botellón ha ocupado la actualidad nacional de los últimos meses ha sido porque a los vecinos de los barrios afectados se les ha acabado la paciencia. Tras muchos años de sufrir calladamente, apelar al sentido común de los jóvenes, protagonizar alguna escaramuza, apelar a los poderes públicos e ingerir un numero incontable de ansiolíticos y tranquilizantes, los vecinos acabaron por poner los puntos sobre las íes. Aunque ya hemos advertido que pensamos centrarnos en el botellón madrileño, llegado este punto conviene recordar un suceso importante acaecido en Sevilla. En 1997 la Asociación de Vecinos del Arenal, un céntrico barrio sevillano, interpuso una demanda contra el Ayuntamiento hispalense por dejación de sus funciones, a la vista de que aquel barrio se había convertido en una zona imposible para vivir por culpa del pertinaz botellón. Cuatro años después, el Tribunal Superior de Justicia de Andalucía admitió a trámite la demanda, ordenando al Ayuntamiento de Sevilla que adoptase medidas para paliar los efectos secundarios de las alegrías juveniles. Con el tiempo transcurrido, el barrio del Arenal ya no es parte de la zona caliente del botellón sevillano; las modas y las cambiantes querencias de este fenómeno se lo han llevado a otro lado. Sin embargo, la buena nueva judicial ha sido muy celebrada por la Federación de Asociaciones de Vecinos de Sevilla, que ahora tiene un instrumento legal a mano para forzar al Ayuntamiento de su ciudad a tomar cartas en el asunto. La cosa tiene su trastienda, pues cuando se inició la demanda el poder municipal pertenecía a la coalición entre el Partido Popular y el Partido Andalucista, mientras que cuando ésta ha prosperado el Ayuntamiento está regido por una nueva coalición, la que forman el Partido Socialista Obrero Español y el Partido Andalucista.

Conscientes de lo que se les venía encima, los munícipes ya habían comenzado a moverse, fundando en 2001 la Mesa para la Convivencia en la Noche de Sevilla, organismo que reune a técnicos de las administraciones, así como entidades juveniles y vecinales, para ver si se les ocurría algo que hacer con el problema del botellón. De momento andan haciendo inspecciones de campo en bares y zonas proclives al conflicto, medida que ya tiene el apoyo legal de una recién aprobada Ordenanza Municipal de Protección del Medio Ambiente en Materia de Ruidos y Vibraciones, que aunque no sabemos a qué tipo de vibraciones se refiere, nos parece de lo más interesante. De todas formas, la alcaldía sevillana dice no poder hacer nada más en materia legal, pasando esta patata caliente al poder autonómico y al central. Por su parte, la Federación de Asociaciones de Vecinos de Sevilla, por boca de su portavoz, Luis Cano Morán, se ha expresado en unos términos más que sensatos para gente que está teniendo que aguantar lo que no está escrito: «Nuestras fiestas se desarrollan en la calle, y por el clima la gente está acostumbrada a beber al aire libre, de pie o en veladores, por lo que hay que tener cuidado y no se puede prohibir beber en la calle así como así».

Volvamos a la escena madrileña. Aunque la relación exhaustiva de esta auténtica «batalla del botellón» será explicada en detalle más adelante, es necesario dar ahora la voz a los vecinos para que se expliquen. Desde hace años, la Plataforma Salvemos el Centro de Madrid viene denunciando la situación límite por la que atraviesan determinadas zonas calientes de la capital. Conviene echar un vistazo a su declaración de principios.

MANIFIESTO «SALVEMOS EL CENTRO DE MADRID»

Los abajo firmantes, asociaciones de vecinos y de defensa de los derechos de los ciudadanos, hombres y mujeres de la cultura, profesionales, empresari@s responsables, habitantes del centro de Madrid o simplemente amantes de su patrimonio histórico, cultural y humano, estamos muy preocupados por el deterioro que está sufriendo nuestra ciudad.

Este deterioro se debe a un determinado modelo de gestión del espacio de todos basado en el desequilibrio entre intereses particulares y colectivos. La actual gestión municipal afecta a la forma de tratar los problemas del ruido y de la inseguridad ciudadana, a la política turística, al diseño comercial de las diferentes zonas, explica la falta de equilibrio en la concesión de licencias de apertura a negocios, la escasa preocupación por la conservación del patrimonio histórico-artístico, influye en las reformas estéticas y funcionales de plazas, calles y zonas verdes, en la gestión de las obras realizadas en vías públicas y también sobre la política de movilidad. Afecta también a la forma de entender la participación ciudadana que el Ayuntamiento trata como un estorbo y no como una fuente de soluciones consensuadas y duraderas.

La política de ordenación urbanística está orientada a especializar el territorio en zonas y está conduciendo a la creación de barrios-gueto con una gran concentración de usos, como el ocio nocturno que bloquea la coexistencia armónica entre vecinos, establecimientos y visitantes. Con esta política es totalmente imposible hacer un Madrid sostenible, crear espacios de encuentro, diversidad y tolerancia. Esta política destruye más recursos de los que repara, reduce la calidad de vida de los vecinos e impide el dere-

cho al descanso. *Esta política castiga a los negocios que crean comunicación y bienestar social y premia a los que destruyen e infringen la ley, segmenta y enfrenta a los ciudadanos antes que fomentar su encuentro y respeto mutuos (la subvención del doble cristal en viviendas afectadas por el ocio nocturno es un buen ejemplo), potencia un ocio y un modelos de desarrollo turísticos basados en el monocultivo del consumo de alcohol y se olvida de los gastos sociales destinados a los vecinos menos favorecidos. Pero sobre todo genera ciudadanos resignados, pasivos e incapaces de formular alternativas de vida fuera del consumismo. Si esto sigue así muchos optarán por abandonar el centro de Madrid, la ciudad se quedará sin identidad ni diversidad, el modelo multicultural de convivencia europeo y meridional que pretendemos para nuestro espacio urbano desaparecerá irremediablemente.*

No queremos este futuro para nuestra ciudad ni para nuestra convivencia. Los firmantes de este manifiesto exigimos un cambio en la actual política urbanística. Exigimos a las autoridades municipales que no diseñen una ciudad insostenible con nuestros impuestos, que no apuesten por soluciones tecnocráticas a espaldas de los ciudadanos, que no destruyan la convivencia y el encuentro en el centro de nuestra ciudad. Nosotros, a pesar de las dificultades que se nos ponen, nos vamos a implicar en el diseño de un Centro de Madrid sostenible e invitamos a todo el mundo a que se sume a participar en esta aventura. Queremos legar a nuestros hijos el patrimonio humano, histórico y cultural que hemos heredado y no una ciudad insípida reducida a un inmenso espacio de consumo. OTRA CIUDAD ES POSIBLE.

Plataforma Ciudadana
«Salvemos el centro de Madrid»
Madrid, febrero de 2001

En el mismo sentido, pero con un lenguaje que denota un estado de cabreo cercano al ataque de nervios, se expresa la Asociación de Vecinos de Chueca, con un manifiesto cuyo título no deja lugar a dudas:

BOTELLÓN

En el punto en el que estamos de este grave problema social tenemos que decir «que cada palo aguante su vela». Y por si parece insolidario, explicamos que en el barco social hay muchos palos y muchas velas y en la cuestión del botellón los vecinos han aguantado, y aguantan, dura y largamente un palo que no les correspondía, mientras casi todos los demás miraban hacia otro lado.

Ahora que todo el mundo se apunta a hablar del botellón (muchos sin saber de qué hablan) y hay carreras para ver quién propone más cosas, hay que recordar que la primera y única medalla, hasta el momento, hay que ponérsela a los vecinos, más concretamente a los de la plaza del Dos de Mayo, que con sus movilizaciones han logrado poner encima de la mesa de la Opinión Pública, del Ayuntamiento, de la Comunidad y hasta del propio Gobierno estatal un grave problema de alteración de la convivencia ciudadana, de conculcación de los derechos personales y colectivos y de abandono ante el vandalismo que se ha dejado extender por la ciudad durante cinco años (y subrayo, cinco años, y recalco que, hace cuatro años, la plaza de Barceló ya era una pocilga de griterío hasta el punto de que hubo una protesta conocida como «de los orinales»). Todo esto, sin que los que ahora se apelotonan para salir en la foto hicieran el más mínimo gesto, ni –lo que es más grave– cumplieran sus obligaciones. De forma muy destacada el propio Alcalde de Madrid, quien hace sólo un mes seguía diciendo que no podía hacer nada porque no tenía normas, ni leyes, ni competencias. Es el mismo Alcalde que ahora corre a ponerse el primero de la fila y se declara dispuesto a «controlar el botellón aunque deba montar un ejército». Menos belicismo, más responsabilidad... y más memoria. Porque aquí nadie se ha movido hasta que los vecinos llevaron la protesta hasta las puertas del Ayuntamiento, hartos de que las denuncias sobre el nivel de vandalismo y de agresiones cayeran en saco roto. Desde la escenificación del botellón en la Plaza de la Villa y otras propuestas posteriores, todo se ha precipitado.

Y ahora nos encontramos con que se piden recetas para un problema que tiene muchas vertientes... y muchos responsables. Responsables a quienes no hemos oído, hasta el momento, la más mínima autocrítica. No hemos oído a los padres, primeros y principales responsables de sus hijos, no hemos oído a los educadores y no hemos oído a las distintas autoridades reconocer que han pasado de la cuestión.

El caso es que como Asociación de Vecinos no somos especialistas en drogadicción, ni en alcoholismo, ni en pedagogía juvenil, pero sí sabemos algo sobre que el espacio en que vivimos y trabajamos sea un lugar sostenible, plural, participativo y de convivencia. Justo todo lo contrario de lo demostrado por las autoridades, por acción y por omisión, frente al botellón, el vandalismo, la concentración de bares y de terrazas como opción mayoritaria de ocio, los falsos comercios de alimentación, la falta de actuaciones locales sin licencia de obras o de apertura, las reformas de plazas y calles que favorecen el ruido (hasta el pun-

to de que el Ayuntamiento propone gastarse mucho dinero, que tanta falta hace para gastos sociales, en insonorizar hasta 10.000 pisos en el Centro) y, lo más grave, no hacer cumplir las normas y disposiciones que el propio Ayuntamiento dicta.

Los vecinos hemos venido haciendo nuestro trabajo en medio de la indiferencia, cuando no de la burla, de casi todos. Hemos denunciado reiteradamente lo que ocurría con el botellón, la saturación de locales y de ruidos, hemos denunciado a bares que incumplen cada fin de semana (todavía hoy) la norma vigente, sin necesidad de nuevas leyes, de vender bebidas para el consumo en la calle; seguimos esperando la resolución de la denuncia del pasado verano a todos los bares de la plaza de Chueca; hemos llamado la atención sobre la falta de previsión del Ayuntamiento en la plantación y cuidado de árboles; sobre la falta de soluciones prácticas al problema del tráfico; sobre los espacios de carga y descarga, y todo lo que hace del distrito centro una zona muy contaminada.

Y lo vamos a seguir haciendo porque no es seguro que la actuación policial se mantenga, ni que el botellón no se extienda a otras zonas, ni que la próxima temporada de terrazas no traiga nuevos desmanes, ni que las celebraciones masivas de próximas fiestas no vuelvan a poner en situación crítica la seguridad de una amplia zona del barrio de Chueca (según reconocieron el año pasado los propios responsables policiales); ni que la tramitación de la anunciada ley del Gobierno no la retrase hasta el final de la legislatura... ni que después se vaya a hacer cumplir.

Entendemos de estas cuestiones y también de la falta de locales para la tercera edad, de espacios para jóvenes, de instalaciones deportivas, de centros de salud próximos y hasta algo entendemos de rehabilitación de nuestros barrios. Como Asociación de Vecinos nos queda más lejos el fracaso escolar, la educación familiar, la motivación juvenil y tantas otras especialidades relacionadas con el consumo masivo de alcohol por los jóvenes. No obstante, sí que somos capaces de ver los numerosos desenfoques que está provocando la precipitación por ponerse al frente del antibotellón o de cuestiones que nada tienen que ver con la base del problema.

Hay quienes sostienen que los jóvenes se reunen en público para charlar «porque los bares tienen la música muy alta», aunque se olvidan que las tranquilas charlas también impiden dormir a miles de ciudadanos, y también aseguran que el botellón es un «elemento positivo de recuperación y uso de vías y espacios públicos como lugar de encuentro de los ciudadanos, especialmente los más jóvenes», lo que significa un profundo desconocimiento de lo que es el botellón o un engaño manifiesto a la opinión pública.

Hay industrias que hablan de «tentación de pensamiento único» frente a 4.000 años de historia del consumo de alcohol y rechazan cualquier medida que no sea «enseñar a beber» a los jóvenes, cuando los que participan en el botellón lo que reivindican –hasta con pancartas– es que quieren beber barato y suficiente «para coger el punto».

Los hay con intereses comerciales en el asunto que proponen que se les autoricen horarios de cierre más allá de las tres y media de la madrugada a cambio de reducir el precio de las copas, es decir, esconden que el grueso del botellón se realiza bastante antes de esa hora y que lo que proponen es, en realidad, más facilidades para que los jóvenes consuman alcohol... pero en sus locales, lo que tampoco va a la raíz del problema.

Los hay que aseguran que se está «criminalizando» a los jóvenes, aunque no explican qué crimen se adjudica, no a los jóvenes, sino a esa parte de los jóvenes de quienes sí decimos que son absolutamente irrespetuosos con la convivencia ciudadana y con su propia salud (el SAMUR atiende cada fin de semana 140 casos de intoxicación etílica).

Los hay que buscan un argumento «generacional» y aseguran que los jóvenes son impulsivos y despreocupados, pero olvidan que los vecinos de la plaza de Chueca pusimos educadas pancartas por toda la zona para recordar «vivimos aquí, controla el ruido» y, a pesar del aviso, siguieron cantando, gritando y tocando palmas y bongos, y hablando en voz alta hasta la madrugada. También los no tan jóvenes. Y el Ayuntamiento sin reducir ni una terraza, ni una mesa y ni una silla de las 440 instaladas a pesar de conocer la desproporción para una plaza pequeña de uso residencial. Estos días se oyen cosas como que «la coacción policial es intolerable», aunque no dicen lo mismo de la actuación policial cuando un conductor se salta un semáforo en rojo, y el botellón hace mucho tiempo que se ha saltado todos los ceda el paso, los stop y los semáforos en rojo de la convivencia ciudadana.

Por haber, hay organizaciones serias que se han mantenido calladas ante los padecimientos de los vecinos durante años y ante este grave problema de una parte considerable de la juventud y que, sin embargo, se han atrevido a decir ahora (cito textualmente) «que las medidas policiales abren el camino a violaciones de los derechos humanos básicos protegidos por la Declaración Universal, el Pacto Internacional de Derechos Civiles y la propia Constitución». Y en este punto ya nos quedamos sin palabras.

Bueno, nos quedan unas últimas. Como Asociación de Vecinos creemos que los padres, los educadores, los especialistas y las autoridades son los responsables y los más capacitados para solucionar la raíz de este grave problema, y que los vecinos estaremos encantados de apoyar medidas que conduzcan a estilos de vida positivos, al equilibrio de intereses particulares y colectivos, a la reducción del ruido y de la inseguridad ciudadana, a diseños de ocio y comerciales sostenibles y diversificados, a reformas urbanas integradoras y que busquen el encuentro y la tolerancia, al cumplimiento de normas y de leyes (especialmente por quienes las elaboran y son los encargados de aplicarlas) y a la consecución del bienestar social, el respeto mutuo y la participación. En este sentido decíamos «que cada palo aguante su vela» y esperamos haberlo explicado y haber sido entendidos, aunque –honestamente– no tengamos ninguna idea «mágica», eficaz y definitiva para un problema que se ha dejado crecer desde hace años por quienes tenían la obligación de haberlo impedido»

Madrid, febrero de 2002

LA ASAMBLEA DE MALASAÑA:
ENTREVISTA CON CARLOS PRIEGO CASTELLANOS

La lucha vecinal contra el botellón ha acabado generando movimientos socialmente tan interesantes como la Asamblea de Malasaña, un colectivo surgido de manea espontánea al calor de la desesperación de los vecinos de aquel barrio. Organizados, como su nombre indica, de manera asamblearia, su empuje les ha llevado a pasar por encima de la inactividad de la asociación vecinal de la zona, de la pasividad vergonzante del Ayuntamiento y de los cantos de sirena de distintos organismos políticos. Sin una organización dirigista y centrándose únicamente en los problemas del barrio, la Asamblea de Malasaña ha optado por la acción directa y la apertura de miras hacia otros colectivos diversos. Pese a ser un movimiento sin cabeza visible, nos acercamos a él con la intención de conocer los planteamientos de quienes más frontal y activamente se han movilizado contra el botellón. Encontramos el interlocutor en Carlos Priego Castellanos, Director de Proyectos de la Fundación ONCE y licenciado en sociología.

PREGUNTA: ¿Cómo surgió la Asamblea de Malasaña?

RESPUESTA: Este movimiento ha surgido por la convergencia, a lo largo de los últimos tres años, de algunos vecinos que nos hemos enfrentado directamente al problema, hasta el punto de que la muchachada nos tiene reconocidos y admitidos, curiosamente. Yo he sido de las pocas personas adultas que se han tirado hasta las cuatro de la mañana hablando con las tribus que están aquí. Me han admitido pese a mis protestas, algunas veces incluso violentamente, porque he tenido varias peleas con ellos. Yo he sido uno más dentro de lo que es el circo de esta plaza. En los últimos meses he visto que había otros vecinos que hacían lo mismo que yo: salían de su casa y empezaban a protestar airadamente entre los chavales. Tras juntarnos cuatro o cinco decidimos hacer una convocatoria para todo el barrio, estimando que el nivel de cabreo que teníamos tenía que residir forzosamente en el resto de los vecinos. Elaboramos una convocatoria en un papel, hicimos fotocopias y les convocamos a una reunión en la Plaza del Dos de Mayo. Eso fue en diciembre de 2001. Dio la casualidad de que por allí estaba una periodista del Canal Nou de la televisión valenciana buscando vecinos de Madrid para un programa sobre el botellón. Fuimos y ésa fue la primera acción que tuvo repercusión en los medios. Seguimos manteniendo la convocatoria de reuniones los domingos por la mañana, y cada vez se sumaba más gente. Lo único que hemos hecho hasta ahora es hacer propuestas. Hemos remitido cartas a todas las instancias municipales, partidos políticos, etc. No nos han contestado. La Asociación de Vecinos no quería saber nada de nosotros tampoco. Cuando han visto la repercusión que tenían las asambleas se han intentado sumar. Este es un movimiento vecinal que ha ido contracorriente. Hemos tenido en contra a todo el movimiento organizado, tanto vecinal como institucional. Lo que hacemos es todo por libre. No queremos una representación fija, esto no tiene ni nombre, y es a propósito. Ya ha habido quien ha querido formalizar este movimiento en una asociación, y nos hemos negado. Ya existen, que cada uno estime si quiere revitalizar las que hay. Este fenómeno ha cuajado con el resto de las asociaciones que hay alrededor de este barrio y que sufren problemas parecidos: Chueca, Lavapiés, Justicia, etc. Hasta tal punto, que nosotros hemos centralizado y hemos hecho converger al movimiento vecinal organizado, implicándoles en nuestras prácticas. Si hay un movimiento democrático es éste: todas las decisiones se toman en asamblea.

PREGUNTA: ¿Tiene visos de futuro un movimiento como éste?

RESPUESTA: Creo que este movimiento no tendrá continuidad a medio plazo, por lo menos con la misma fuerza que estamos mostrando. Creo que hemos llegado a nuestro tope y que vamos a declinar. Pero se ha generado un núcleo duro que será el depositario de lo que ahora estamos haciendo. Todos somos personas que tenemos más años de lucha por la libertad que la que tendrán los chicos del botellón en toda su vida; todos tenemos una cultura de izquierdas. Como los problemas no se van a solucionar totalmente, ese núcleo va a ser la base de la reaparición del movimiento.

PREGUNTA: ¿Cuáles son las quejas concretas del vecindario?

RESPUESTA: La alteración de la vida cotidiana. Y no sólo la vida que se hace en la calle, sino también en el espacio interno, y eso es lo que tiene de novedoso el botellón con respecto a otras manifestaciones que ha habido en este barrio. Lo que está sucediendo es que todos los vecinos se están sintiendo agredidos en lo más íntimo, que es en su casa. Ya no sólo es el fenómeno de alterar el sueño o el descanso, sino también el ocio en casa: desde escuchar música, pasando por ver la televisión o una simple conversación, todo se ve alterado por lo externo. Y lo externo no solamente es el ruido, son otro tipo de cosas que se introducen dentro de tu casa y que generan tensión. En el botellón se están produciendo procesos de índole psico-terrorista, porque lo que se está alterando no es la normalidad física, sino la psíquica. Se están llegando a producir cambios de conducta entre los vecinos afectados. Cuando hacen una hoguera y entra humo en tu casa, no solamente está el hecho de que respiras mierda, es que no tienen dónde ir. Como no tienes escapatoria ni posibilidad de evitar lo que está sucediendo, lo que pasa es que estás acorralado. Es el ruido, los orines, las fogatas, las conversaciones... Tocan instrumentos de percusión tan potentes que reducen tu estabilidad mental a cenizas, y en tu propia casa. Se encrespan los ánimos y te alteras emocionalmente, pero sin posibilidad de escape, porque no tienes ni la salida de la puerta de atrás. Esa intromisión en el espacio vital es lo que está generando la respuesta contra el botellón. Cuando decimos que con la normativa en vigor las autoridades locales podrían solucionar el problema –quitando tambores, evitando las hogueras, poniendo medios para que no se orinen masivamente en la calle, etc. – parecen cuestiones nimias que se relacionan con otras épocas y con otros momentos, pero no es así. Son los mismos hechos que en otras épocas, pero con diferentes efectos. Antaño, estas cosas, en este grado, no se producían. Llevo viviendo en el barrio 25 años y sé lo que ha sucedido. Lo que está pasando ahora tiene una expresión muy parecida a fenómenos anteriores, pero con unas consecuencias distintas porque repercute en la intimidad de las personas.

PREGUNTA: Ahora parece que hay toda una batería de medidas de las distintas administraciones encaminadas a poner coto al botellón. ¿Qué opina de ellas?

RESPUESTA: Han llegado tarde, y como todas las cosas que llegan tarde no han sido eficaces. Habrían sido eficaces si calmaran las espectativas del vecindario y eliminaran las causas que generan los problemas. Podría parecer que la presencia de la policía de las Plaza del Dos de Mayo ha evitado el botellón y, por lo tanto, la causa que generaban los problemas. Pero todo esto es referido solo a la Plaza del Dos de Mayo, porque el botellón no ha hecho más que trasladarse cien metros y ocupar otras calles. Es una solución aparente y coyuntural. Donde no se ha actuado es en devolver la tranquilidad al vecino. Sobre eso no hay medidas. Lo hecho hasta ahora es hasta contradictorio para devolver la tranquilidad, porque no nos creemos la estabilidad. Como es una medida tan contundente, de una repercusión tan rápida en lo que hace a quitar a los chicos de la plaza, el vecino es consciente de que es algo absolutamente coyuntural, por lo tanto tiene el temor de que cuando se acabe, no solamente se va a tener el mismo problema, sino que se va a ver acrecentado, porque se espera la rabia de los chicos que han sido desalojados. Hasta tal punto es así que cuando hablas con alguno de los vecinos no solo muestran su incredulidad, sino que saben que no hay futuro, como decían los Sex Pistols en el 77. Además, no es solución tampoco la toma de la plaza por las fuerzas policiales, porque no conozco a nadie que esté deseando un estado de excepción. Hay una buena parte del vecindario –calculo que un 40%– que es gente mayor que lleva viviendo aquí toda la vida. El otro 60% nos hemos trasladado aquí en los últimos veinte o treinta años. Somos gente que en los 60 o 70 teníamos 23 o 24 años y que buscábamos aquí un tipo de barrio que era distinto al resto. También tuvimos nuestra juventud y nuestro proceso de indolencia. Lo curioso es que buena parte de los que vivimos aquí hemos llegado buscando esa identidad. Esto fue posible porque la mayoría de nosotros empezamos a trabajar a los 18 o 20 años. Nuestro nivel de maduración a los 22 era distinto del de un chaval del botellón con la misma edad. Estamos identificados con el barrio porque queríamos un determinado tipo de barrio, alegre, divertido, culturalmente relevante, no anodino, y este barrio tenía muchas de nuestras señas de identidad. Curiosamente, este colectivo del botellón también está atacando a esas señas de identidad, porque se está ensuciando, se está alterando, se está destruyendo un patrimonio que no solamente es municipal, sino que es de una buena parte de la población que hemos venido aquí y que hemos hecho este barrio. Nuestro rechazo al botellón no solamente es un elemento superficial por el tambor que se toca o por los humos que genera la hoguera. Desde este punto de vista habría que hablar de un choque generacional, porque yo defiendo mis señas de identidad como persona cercana a los cincuenta años, porque el barrio me representa y no voy a permitir bajo ningún concepto que venga una serie de niñatos a arrebatarme mis señas. Me están atacando. Este barrio forma parte de mi forma de ser porque lo he buscado expresamente, no estoy desplazado ni marginado económicamente por vivir aquí. He hecho una elección.

PREGUNTA: ¿Cree que se el botellón es síntoma de un crack social encubierto o simplemente se trata de una falta de entendimiento intergeneracional?

RESPUESTA: Los problemas que tenemos son aparentemente sencillos, y el alcalde y el delegado del Gobierno creen que con enviarnos la policía se solucionan, pero el problema es profundo y hay barrancos abiertos. Es realmente una confrontación, quizás inconsciente, pero es una confrontación sociocultural fuerte. Son dos formas de entender la vida distintas. En los últimos meses ya he llegado a las manos con los que estaban implicados en las hogueras o tocando el tambor. Hablando con ellos me llegaron a reconocer explícitamente que los vecinos teníamos razón, pero decían que iban a seguir haciendo lo que les daba la gana, entre otras cosas porque les importaban un huevo los vecinos. Ellos entendían la cuestión y si se invirtieran los papeles estarían muy cabreados, inclusive decían que no vivirían aquí porque sería insoportable, pero que querían seguir ejerciendo el papel que estaba representado, de tocadores de bongos o de incendiarios. Cogiendo ese simple ejemplo se ve que hay una lucha generacional.

Hay una incompatibilidad a la hora de entender las cosas. No me puedo entender con esos chavales por que no llego a comprenderles ni a comunicarme con ellos. No decodificamos igual. Me deja desarmado intelectualmente que yo les explique el problema, aparentemente lo entiendan y, sin embargo, no haya ningún tipo de reacción. Y no porque haya una intencionalidad en los chicos de joder, que no la hay. No vienen a jodernos al vecindario. Ellos entienden el problema y luego dicen que van a seguir en su actitud porque no ven ningún tipo de punidad, porque no tienen valores que les liguen a mí. Estamos en un proceso de asociabilidad total. No existen en esta sociedad, excepto a través de la televisión, elementos en los que converjan los sistemas de valores. El chaval de botellón y yo no compartimos un sistema de valores. De ahí que lo que él entienda por libertad yo lo entienda como opresión. Yo tengo el sistema de valores de mi generación, en el que el proceso de socialización ha sido adquirido desde la concatenación de las palabras, desde la lógica de la acción-reacción-consecuencia. Esta gente tiene unos movimientos de caballo de ajedrez. No comprendo su lógica. Su sentido de lo que es normal es absolutamente distinto. Desde ahí lo que hay es un enfrentamiento.

PREGUNTA: ¿Qué cree que está pasando para que determinado sector de la juventud se produzca así?

RESPUESTA: No me gusta efectuar procesos de empatía necesarios para tener una visión global del problema y, por lo tanto, para dar alternativas. Creo que estos chicos están enajenados de su propia vida cotidiana. Son conscientes de que para buscar la integración social a la que se van a tener que enfrentar tarde o temprano, porque no van a vivir en casa de sus padres siempre, van a tener que encardinarse en unos procesos de trabajo de los que no tienen ni repajolera idea. El elemento de seguridad en uno mismo no lo ven nada claro, y tienen grabado que para abrirse camino las herramientas son el clientelismo, el enchufe y la sumisión. De forma paradójica, vemos que la mayoría de la juventud que se integra en los procesos laborales, con contratos leoninos y en condiciones pésimas, es la gente menos reivindicativa de las últimas generaciones. Es la generación menos combativa, siendo la que peores condiciones laborales tiene. Llevan interiorizado el discurso de que al que levanta la voz le va de culo, con lo cual refuerzan sus actitudes más perversas de cara a la convivencia, como es realzar la subjetividad y la particularidad. Creo que estamos asistiendo a una ruptura importante de la conformación social. Es una ruptura en el ámbito personal y subjetivo. No es que el Gran Hermano de Orwell vaya a estar vigilando y ordenando nuestras actitudes, es que ese Gran Hermano se ha convertido en un vigilante interno, no externo.

PREGUNTA: ¿Cómo cree que van a evolucionar las cosas, se vislumbran soluciones?

RESPUESTA: No creo que haya solución a este tema, y más teniendo en cuenta el tipo de políticas que se están llevando a cabo a medio plazo por parte de las distintas administraciones. Tienen la lógica del pensamiento único. El problema del botellón, en el mejor de los casos, viene de los procesos de adolescencia de buscar la diferenciación y encontrar una identidad en la que te reconozcas. Es un proceso de maduración en la búsqueda de unas señas de identidad particulares. En esto sucede exactamente igual que en los procesos de educación: hay un grupo que por equis motivos está en el proceso que les puede conducir a superar la adolescencia y madurar. Y hay otra mayoría que se van a ver en las puertas de ese proceso, pero van a ser rechazados. Hay que buscarles salidas a esos que se encuentran rechazados. A medio plazo, las administraciones –locales, sobre todo– intentarán encontrar una solución de ocio acorde con su condición de recién excluidos del proceso normalizado de divertimento ocioso. Vamos a ver políticas de reconstrucción de edificios y de apertura de polideportivos. Probablemente se generará algún tipo de actividad en la calle y algún servicio social municipal para intentar sujetar a los que van a ser marginados por la dinámica del proceso de identidad. Ahí es donde se puede encajar algún tipo de salidas para que no molesten al vecindario. En la medida en que desde los distritos se diseñen espacios en donde puedan ir los jóvenes que ahora mismo ocupan las plazas del barrio, se intentará evitar la masificación y, con ello, la radicalidad de los problemas hacia los vecinos. El ejemplo es claro: diez meadas no van a ningún sitio; con mil meadas tienes que llevar máscara. En Valencia han acotado espacios donde los jóvenes van con su coche, dejan las puertas abiertas, ponen música y hacen su botellón. Son territorios comanches con nula incidencia en el vecindario, porque éste no existe. No digo tanto de hacer algo como Costa Polvoranca, pero me temo que los tiros, de haberlos, van por ahí.

Para terminar con esta tribuna abierta a las opiniones de los vecinos afectados por la crisis del botellón, pasamos a reproducir íntegramente un esclarecedor artículo publicado en el diario *El País*. Lo firma Armando Fernández Steinko, profesor de Sociología de la Universidad Complutense de Madrid y miembro de la ya mencionada Plataforma Salvemos el Centro de Madrid. Su profundo análisis de las circunstancias que rodean el botellón es, sin duda, una de las más lúcidas aportaciones que se han hecho para la mejor comprensión de este fenómeno.

LAS CLAVES DEL BOTELLÓN

«Son dos: las ramas y las raíces. Las primeras tienen que ver con la gestión municipal, con la (no) regulación del espacio público y con la cultura que ésta genera. El caso del centro de Madrid es un ejemplo externo de creación de infraestructuras para la proliferación de lo que hasta ahora se está desbordando. Muchas plazas del centro de Madrid, que hoy son espacios diáfanos y sin gracia, han sido reformadas para servir de receptoras de todos esos miles de botelloneros. Su diseño funcional parece que lo ha hecho pensando en ellos y en las terrazas, o al menos en toda esa porquería inevitable que ahora se puede limpiar rápidamente con máquinas último modelo. La concesión de cientos de licencias de ultramarinos a propietarios que las usan como bodega, a tiendas que más bien parecen tapaderas para lavar dinero (con panchitos y whisky Dyck es imposible pagar los alquileres que se piden en todas esas esquinas estratégicas copadas por ellos), es una política de licencias que parece inventada para crear cadenas de supermercados que animen a la población a sumarse al botellón.

»La pasividad del Ayuntamiento, noche tras noche, año tras año, mientras locales, consumidores enloquecidos y establecimientos sospechosos infringen su propia normativa, va dejando unos posos culturales, va generando esa normalidad de lo imposible que hoy se vive en la noche madrileña. Cuando le preguntábamos a Carlos Martínez, concejal de Centro de Manzano, la filosofía de la remodelación de la plaza de Chueca, se nos sonreía sin contestar. Ya os cansaréis los vecinos, pensaba, de meteros donde no os llaman. Hasta que el poder judicial, las sentencias de Cartagena y Sevilla les despertó de la socarronería. Porque el frente del poder político lo tenían bien cubierto. En el centro de la capital la abstención electoral roza el 55% (la más alta de todo Madrid) e, incluso poniéndose lo peor, aquí no hay peligro para el partido del Gobierno, peligro que sí tiene el barrio de Salamanca o el de Arturo Soria, por ejemplo, donde apenas se ve botellón, ¿casualidad?

»Pero luego están las raíces. Tienen que ver con la institución familiar. La modernidad española tiene una particularidad de lo más exótica y es que va pareja no a la reducción sino al mantenimiento o incluso en aumento del número de miembros por hogar. Es la coexistencia de varias generaciones en un piso, una acomodación genial al desempleo y la basurización del trabajo juvenil que permite alimentar con cierta dignidad a muchas bocas con un solo ingreso fijo y varios temporales. Pero también refleja esa tendencia que se observa entre los hijos de papá de apurar su adolescencia hasta los 30 o 35 años, esta vez por razones de comodidad, de puro y simple conservadurismo. La cohabitación intergeneracional alarga la adolescencia, retrasa la madurez, infantiliza (los sociólogos hablan de "alargamiento de la adolescencia"), pero también obliga a la gente joven a inaugurar todos los fines de semana el salón propio que necesitan y que no tienen.

»Las plazas públicas reciben así un trato de corral particular, se convierten en espacios para el ejercicio de una autonomía virtual, espacio que necesita cualquier joven y que en este caso, al no disponer de él, se lo hace pagar a la colectividad. Gente que no cabe en su piso y que tiene que usar la calle para encontrar a los amigos ha habido siempre, y bienvenida sea en una ciudad meridional como Madrid. Los propios emigrantes comparten hoy, discretamente, muchas esquinas públicas durante los fines de semana, pues tocan a tres o cuatro metros cuadrados por barba (por eso pueden conformarse con lo que les pagan los competitivos empresarios españoles). Pero lo del botellón es un uso de lo público no como bien compartido, sino como bien privado, como apropiación de lo común. Ahí ese despecho, esa insolencia extrema de muchos jóvenes cuando los vecinos les tocan «su» derecho a estar en "su" salón, consagrar "sus" santas micciones, tocar «sus» bongos y hacer "sus" fogatas. Lo destructivo, lo imposible para las ciudades españolas, a la cabeza el centro de la capital abandonado por su concejal que nació en Chueca pero que ahora vive muy lejos de aquí, es esa cultura de la apropiación de lo de todos combinada con una infantilización de la que no se les puede hacer responsables a los jóvenes, pues es el producto de una precariedad laboral no deseada por ellos. Y de la ausencia de un conflicto generacional, de rebelión, claro.

»Muchos de esos niños vienen de La Moraleja o Torrelodones, ¿no lo sabían?, y traen de su casa esa mentalidad de chalé con perro mordedor en la que ya no cabe la noción de ciudad, de territorio compartido por muchos y diversos. Los papás, que paran poco por casa mandan cartas al Ayuntamiento quejándose del trato que reciben sus hijos por "simplemente reunirse en la calle". Sus papás les defienden porque están defendiendo su propia cultura del gueto, del ver lo de todos como territorio de nadie, del tratar a los hijos no como adultos sino como a niños, que es de lo que van muchas veces. En vez de pedir una política de alquileres para la juventud, trabajos dignos para sus hijos y más opciones de ocio, reivindican el derecho de sus hijos a disfrutar de su propio salón privado en el centro de Madrid.

»El problema, al final, es de sostenibilidad. España es insostenible tal y como está diseñado su modelo de producción y de vida. El botellón es el capital adolescente de esa misma insostenibilidad, de esa alegre cultura de la predación. Alegre y trágica por la normalidad que rezuma, porque sólo llama la atención cuando unos cuantos cientos de vecinos hacen un happening de ella frente al Ayuntamiento. Por eso, para romper de una vez esa imposible normalidad de la destrucción de nuestro hábitat, ciudadanos y comerciantes respetuosos del centro de Madrid: ¡uníos!».

ARMANDA FERNÁNDEZ STEINKO
(Texto publicado por el diario El País,
14 de febrero de 2002)

3

Borrachera de datos

Como hemos visto en el capítulo anterior, las vivas reacciones de algunos vecinos ante los conflictos originados por el botellón lograron, por lo menos, poner el foco de atención sobre el problema. El enorme atractivo mediático del botellón, auténtico filón para el alarmismo periodístico, las fotos impactantes, las declaraciones altisonantes y el amarillismo social, ha hecho que la dimensión del asunto crezca lo suficiente como para que las autoridades pertinentes se hayan visto obligadas a tomar postura. Como es costumbre en estos casos, las distintas ramas de la Administración del Estado han señalado, como un sólo hombre, a un único culpable. En esta ocasión la china no le ha tocado al Bin Laden de turno, sino que la técnica del reduccionismo maniqueo ha descubierto que el demonio tiene forma de botella: la culpa de todo la tiene el alcohol. Librados así de tener que hacer consideraciones de mayor enjundia, los próceres de la patria nos han atiborrado con una marea de datos que prueban, inequívocamente, que el origen de todos los males provocados por el botellón tienen su génesis en el consumo de alcohol por parte de los jóvenes, hecho este que, por lo visto, no había venido sucediendo en España desde hacía siglos. De esta forma, en los últimos meses hemos tenido que digerir un menú informativo con un alto contenido de encuestas sobre las costumbres alcohólicas de la juventud española. El análisis cruzado de esta auténtica marabunta de datos es una tarea titánica que no nos proponemos abordar en este libro: el autor no tendría vida suficiente ni el lector ánimos para sufrir tamaño tostón. Pese a todo, no renunciamos a ofrecer una panorámica reducida de esos datos, ni a señalar algunas de sus particularidades, sobre todo aquellas que han pasado de tapadillo ante el clamor alzado contra el malo de esta película, el alcohol. Con ello no queremos defender en absoluto la ingesta inmoderada de bebidas espirituosas, algo que ya se sabe que es fatal para la salud física y mental de cualquiera, sino ponderar lo más adecuadamente posible hasta qué punto el alcohol es el responsable único de fenómenos como el botellón o simplemente un aliño más en una ensalada que tiene muchos componentes.

¡OJO AL DATO!
QUIÉNES, CUÁNDO, CÓMO, CUÁNTO
Y POR QUÉ LE DAN AL ALCOHOL

Enjuiciar la veracidad de los datos que se nos vienen encima por todos los medios de difusión es algo bastante peliagudo. Un ejemplo: cuando el botellón saltó a las primeras páginas de la prensa, allá por el mes de enero de 2002, se afirmaba que la cifra de participantes en estos festejos espontáneos en Madrid era de medio millón de personas, 300.000 en la zona centro y 200.000 en los barrios de la periferia, según datos de la Comunidad Autónoma de Madrid. De toda esta marea humana, la oficina del Defensor del Menor calculaba que 150.000 tenían entre 13 y 17 años. Apenas un par de meses después, la Policía Municipal de la capital daba como buena una cifra de 15.000 botelloneros en el centro de la ciudad, cantidad que desde entonces se ha venido barajando comúnmente en todo lo publicado sobre el particular. ¿A quién le hacemos caso? A falta de datos realmente concluyentes, habrá que usar el sentido común de cada cual y plantearse la pregunta de otra manera: ¿cuánta gente cabe –físicamente hablando– en el botellón del centro de Madrid, 300.000 o 15.000?

Con toda la prudencia que exige el manejo de una información tan peliaguda como la de las encuestas, echemos una mirada a algunas de las más reputadas. El IV informe del Observatorio Español sobre Drogas arroja los siguientes resultados:

✓ El 76% de los jóvenes entre 14 y 18 años ha consumido alcohol alguna vez; el 58% lo hace habitualmente.

✓ Un 43% bebe exclusivamente los fines de semana, mientras que el 15% confiesa hacerlo diariamente.

✓ La edad media de inicio en el consumo es de 13 años.

✓ En la franja de edad que llega hasta los 29 años, un 40% de jóvenes dice haberse emborrachado dos veces en el último año.

✓ El mayor número de borracheras se produce entre los 20 y los 35 años.

✓ Ha descendido el número de gente que se emborracha diariamente: en 1997 eran 300.000, y en 1999 la cifra había bajado ha 110.000.

✓ Ha aumentado el consumo diario moderado de alcohol: 12,9% en 1997 frente al 13,7% en 1999.

✓ Ha aumentado el consumo de alcohol entre las chicas. En 1995 bebían el 38% entre 15 y 19 años; en 1997 la cifra había aumentado al 46%, y en 1999 llegó al 51%.

✓ También han aumentado las cifras entre chicas algo mayores. En el tramo de edad que va de los 25 a los 29 años, el 46% de las españolas bebían en 1995; en 1997 eran el 55% y en 1999 el 62%.

✓ Ha aumentado el número de menores que beben, en una proporción de un 12% entre 1997 y 1999, lo que quiere decir que ahora un 50% de los menores han bebido alcohol alguna vez en su vida.

✓ Desciende el consumo de riesgo en términos generales, entendiendo este por la ingesta de más de ocho cañas de cerveza diarias. Entre los varones la cifra ha bajado de un 12% en 1997 a un 8% en 1999. Las mujeres han bajado de un 6% a un 3% en el mismo período.

A la vista de estos datos quedan claras algunas cuestiones: se ha producido un aumento en el consumo de alcohol por parte, fundamentalmente, de menores y mujeres, mientras que en términos generales ha bajado, sobre todo en lo referido al consumo excesivo. Aumenta, en consecuencia, la cifra de bebedores moderados.

Repasemos ahora los datos que ofrece otro de los grandes organismos de ámbito nacional, el Plan Nacional Sobre Drogas, en un informe elaborado durante el año 2000 a petición del Ministerio del Interior. Dado que muchas de las cifras referentes al consumo de los jóvenes entre 14 y 18 años son iguales a las arrojadas por el estudio del OESD, las obviaremos, fijándonos en otros aspectos no expuestos anteriormente.

✓ Un 56% de la población considera peligroso el consumo de alcohol, mientras que ese porcentaje baja hasta el 42% entre los más jóvenes.

✓ Los lugares de consumo de alcohol entre jóvenes se reparte de la siguiente manera:
- 45% en discotecas y pubs.
- 18% en bares.
- 21% en calles y parques.
- 15% en casa de amigos.

✓ Ha aumentado el número total de abstemios en España. En 1997 había 6,6 millones de personas que no bebían nunca, mientras que en el año 2000 la cifra llegaba a 7,2 millones.

De estos guarismos se desprende que cada vez bebe –en términos generales, no hablamos de borracheras ni de alcoholismo– menos gente en España. También parece claro que los chicos que practican el botellón son minoría, no ya frente al número total de jóvenes en nuestro país, sino también entre los que beben.

Como Madrid ha sido la ciudad de los botellones más y mejor publicitados, la Comunidad Autónoma de Madrid ha hecho público su propio estudio, realizado por la Agencia Antidroga durante el año 2000 entre jóvenes de 14 a 18 años residentes en la Comunidad. Estos son algunos de sus resultados:

✓ Un 78,9% de los jóvenes ha consumido alcohol alguna vez en su vida.

✓ El 61% de los jóvenes bebe habitualmente, entendiendo por consumo habitual haber bebido alguna vez en los últimos treinta días.

✓ El 21% se ha cogido, al menos, una borrachera durante el último mes, mientras que la cifra sube al 41,4% si se cuentan los que se han emborrachado alguna vez en la vida.

✓ El 30,4% de los jóvenes dice haber tenido problemas derivados de la bebida: salud, peleas o discusiones familiares.

✓ Un 15,6% confiesa haber conducido bebido o haber montado con un conductor bebido.

✓ Un 53% de los jóvenes que beben lo hacen en la calle.

✓ La edad media de inicio en el consumo es de 13,2 años en los chicos y de 13,4 en las chicas.

✓ Los motivos que llevan a los jóvenes a beber se desglosan de la siguiente manera:

• 76% porque les gusta el sabor.

• 58% por diversión.

• 20% para sentir nuevas emociones.

• 16% para olvidar los problemas.

• 9,5% por falta de otras opciones.

• 9% por timidez.

✓ Con respecto al tipo de bebidas favoritas por los jóvenes, los resultados son los siguientes:

• 51,3% opta por los combinados (cubatas y similares).

• 31,2% prefiere la cerveza.

• 28,8% bebe vino, sólo o en forma de calimocho.

A la vista de estos datos, el porcentaje de jóvenes madrileños que beben es superior a la media nacional (78,9% frente a 76,7%). También es superior el porcentaje de bebedores habituales (61% frente a 58%). Así mismo es superior –mucho– el índice de consumo callejero (53% frente a 21%). La edad de entrada en la bebida, sin embargo, es prácticamente la misma. Sorprende, eso sí, que bebedores tan jóvenes digan que lo que más les atrae del alcohol sea su sabor, aunque esos datos son de muy comprometida interpretación, vean si no las cifras que arroja un estudio de el 2001 realizado por el Instituto para la Juventud.

Preguntados acerca de los motivos para comenzar el consumo de alcohol, los jóvenes encuestados respondieron de la siguiente manera:

✓ 33,3% por integrarse en un grupo de amigos.

✓ 24,4% por probar o por tontería.

✓ 14% no sabe o no se acuerda.

✓ 10,1% para animarse.

✓ 6,4% por curiosidad.

✓ 2,6% por placer.

✓ 1,3% por moda.

Asombra la audacia de los encuestadores al haber incluido entre las respuestas la opción «por tontería». Más chocante todavía es que este mismo estudio afirme que un 16% de los jóvenes beben en parques y calles, cifra difícil de encajar entre los datos anteriormente consultados (53% en Madrid, 21% a escala nacional), pero éstos son los misterios de las encuestas.

El último informe sobre la problemática del botellón que se ha realizado lleva el flamante título de «Conducta de las personas participantes en el fenómeno del "botellón"», y lo suscriben los Colegios Oficiales de Psicólogos, Médicos y Sociólogos de Madrid. La minuta de este estudio la ha pagado la oficina del Defensor del Menor de la Comunidad y Caja Madrid. El informe se fundamenta en una encuesta realizada durante los primeros días de marzo de 2002 entre una muestra de 424 jóvenes que andaban de botellón por distintas zonas de Madrid. De sus resultados se desprende que un 95% de los adolescentes que se juntan en la calle practican el botellón, siendo el calimocho la bebida más común, seguida de la cerveza y los combinados. La mayoría de los jóvenes bebe compulsivamente y con el estómago vació, con la intención deliberada de emborracharse rápidamente, lo cual parece ser que logran, ya que la mayoría consigue introducirse en la zona de riesgo de las borracheras (0,5 gramos de alcohol por litro de sangre). El 70% de los encuestados admite que el botellón le ha originado problemas, siendo los más frecuentes las discusiones y riñas, seguidos por los problemas con los padres y las parejas.

Preguntados acerca de cuáles serían las soluciones para el problema que supone el botellón, hay dos posturas mayoritarias: una defiende que hace falta más información y actividades, mientras que la otra sentencia que no hay alternativas.

En medio de este maremágnum de estudios, el Ayuntamiento de Madrid también se sumó a la fiesta con una encuesta realizada a través de su área de Salud y Consumo en febrero de 2002, en plena crisis del botellón.

Las cuestiones a tratar versan acerca de las responsabilidades y las soluciones de este problema social. Preguntados acerca de si están a favor de una ley que prohíba el consumo de alcohol en la calle, los madrileños respondieron así:

- ✓ 64% a favor.
- ✓ 32,6% en contra.
- ✓ 54,4% entre 18 y 29 años, a favor.
- ✓ 41,6% entre 18 y 29 años, en contra.

¿QUÉ HACER?, ¿QUIÉN ES EL RESPONSABLE?

A la pregunta sobre cuáles serían las medidas adecuadas a adoptar frente al botellón, se obtuvieron estas respuestas:

✓ 42,6% sancionar a los locales que fomenten esta práctica.

✓ 23,8% prohibir el consumo y venta de alcohol por la noche.

✓ 23,6% mayor presencia policial en las zonas de reunión.

Finalmente, a la pregunta sobre quién tiene mayor grado de responsabilidad en la aparición del fenómeno del botellón, los madrileños respondieron así:

✓ 29,4% los padres.

✓ 25,4% las autoridades.

✓ 22,2% los jóvenes.

✓ 17,8% los expendedores de bebidas alcohólicas.

Para finalizar con este batiburrillo de números, vamos a dar paso a una auténtica ensaladilla de conceptos diversos que pueden aportar alguna luz sobre distintos aspectos de las cosas del beber.

✓ Según el INSALUD en España se beben 11,9 litros de alcohol por persona y año. El número de bebedores problemáticos lo cifra en 4,5 millones.

✓ Para la Federación de Alcohólicos de Madrid, entre el 10% y el 15% de los jóvenes que practican el botellón acabarán siendo alcohólicos.

✔ La Agencia Antidroga señala que el 89% de los jóvenes está satisfecho de su uso del tiempo libre, y que el 9,5% de los que beben habitualmente dicen aburrirse.

✔ En los momentos cumbre del botellón madrileño, el SAMUR atendía cada fin de semana 140 urgencias por intoxicación etílica de jóvenes: eran menores de edad los protagonistas del 15% de éstas.

✔ Según una encuesta realizada para el Plan Nacional sobre Drogas en 60 hospitales de 11 comunidades autónomas, el 20% de las urgencias hospitalarias están relacionadas con el consumo de alcohol.

✔ La Dirección General de Tráfico afirma que un 41% de las muertes en accidentes de tráfico se producen en casos en los que los conductores estaban afectados por el consumo de alcohol u otro tipo de drogas.

Estos y otros muchos datos sobre el botellón, la juventud y el alcohol son de dominio público y han tenido gran difusión en todos los medios escritos o audiovisuales. La lectura atenta de todos ellos deja un sabor agridulce, pues si bien hay hechos que quedan medianamente claros dada la coincidencia de los datos de distintas fuentes, todavía son más las zonas de oscuridad que no se han abordado o se debaten entre resultados contradictorios. Recordemos ahora un par de opiniones interesantes publicadas en la prensa a raíz de la actualidad del botellón.

Dolores Flores, Directora General de Salud Pública y Consumo del Ministerio de Sanidad afirma: «Aunque hay más jóvenes abstemios que hace unos años, los que beben lo hacen más compulsivamente. Los jóvenes acceden a la bebida para asumir un patrón importado de los paises nórdicos, en el que el joven bebe para emborracharse».

Por su parte, Domingo Comas, sociólogo y presidente del Grupo Interdisciplinar sobre Drogas dice lo siguiente: «Ahora se ha adelantado la edad de entrada en el alcohol entre los 14 y los 15 años. Pero después, cuando llegan a los 20 o 22 años, comienzan a beber menos e incluso a abandonar el consumo. Si antes el alcohol era un rito de iniciación a la edad adulta, ahora es todo lo contrario. (...) Lo que sucede es que el fenómeno se ha radicalizado. Hay cada vez más abstemios. Son ya una tercera parte, una rareza histórica en nuestro país. Por el otro extremo, hay una proporción de jóvenes, en torno al 18% o 20%, que beben mucho; beben ya como transgresión. Lo que está desapareciendo es el bebedor social, moderado. Hoy prácticamente sólo se bebe los fines de semana. Y una tercera tendencia es que el consumo se ha vuelto callejero. Eso puede dar la sensación de que cada vez se consume más alcohol».

Sobre este extremo, el de la «sensación» que pueda tener el ciudadano sobre el nivel de ingesta alcohólica de los jóvenes, convendría hacer una consideración. Además de los vecinos de los barrios directamente afectados, el botellón está en boca de todo el mundo por la notoriedad que le otorgan los medios. En éstos se ofrecen constantemente todo este baile de cifras que hemos expuesto anteriormente. Cuando un honrado contribuyente lee las cifras de las actuaciones del SAMUR, con todos esos críos ingresados por intoxicaciones etílicas cada fin de semana, se echa las manos a la cabeza y exclama: «¡Los chicos de ahora beben una barbaridad!». No decimos que no sea cierto, lo que sí hay que señalar es que no tenemos datos certeros de lo que pasaba en otras épocas para compararlos con los de ahora. Hace veinte o treinta años, la juventud también bebía, menores de edad incluidos, lo que pasa es que no se cuantificaba en qué medida. No existían estudios sobre el particular, como tampoco había un SAMUR que recogiera a los adolescentes que iban de cúbito supino por la calle para reanimarlos antes de mandarlos para casita. Las cosas eran de otra manera. Los chicos se emborrachaban, se iban a su casa haciendo las consabidas eses y entraban en el domicilio familiar hechos unos zorros. Si sus padres lo notaban –cosa muy frecuente debido al escándalo que forma un beodo en medio de un mar de muebles– le afeaban la conducta, quizá le atizaban un cachete, y a la cama con una aspirina. Estos sucesos, tan corrientes en la España de otra época, nunca han quedado reflejados en estadística alguna, de manera que es muy difícil hacer un análisis comparado del incremento de la afición por la bebida de jóvenes y menores de edad.

EN LA CONSULTA DEL PSIQUIATRA: ENRIQUE GONZÁLEZ DURO

Para iluminar la problemática del consumo de alcohol, y desengrasar un poco los ánimos después de tanto número, nos hemos puesto en manos de un especialista en cuestiones de alcohol, el doctor Don Enrique González Duro, psiquiatra encargado de la rehabilitación de alcohólicos en el Hospital Gregorio Marañón de Madrid, y autor de libros tan sugere... interesantes como *Psiquiatría y sociedad autoritaria*, *Consumo de drogas en España* o *Franco, una biografía psicológica*.

PREGUNTA: El botellón ha creado, sin duda, lo que se conoce como «alarma social». ¿Tenemos un problema de alcohol con la juventud?

RESPUESTA: El fenómeno del botellón no significa que haya un alcoholismo juvenil. Emborracharse siempre ha sido un rito de ini-

ciación a la edad adulta para los hombres de este país. Quien
haya hecho la mili sabe que las mayores borracheras se cogí-
an allí. Aquí se les daba Quina Santa Catalina a los niños con
cinco años. Sin embargo, esta cultura del botellón, que lleva
ya varios años, debería producir un aumento en el número de
alcohólicos de este país, y no se ha producido. Se trata de un
rito juvenil en el que participa la gente que va con ganas de
ligar y de divertirse con otra gente de su edad, un fenómeno
totalmente normal. Esos chicos, en cuanto encuentran trabajo
y tienen una novia formal, se salen del botellón, deja de inte-
resarles porque pasan a otro ámbito. Por tanto, sería un porcentaje mínimo los que pasen de la cultura del botellón al alcoholismo. ¿Cuánto tiempo puede durar esa etapa? Depende de
los casos, pero no mucho. La juventud se integra antes cuan-
tas más posibilidades de trabajo tengan.

PREGUNTA:¿Entonces no beben más los jóvenes de ahora?

RESPUESTA: No es cierto que se beba más que antes, además ahora
se bebe principalmente cerveza. Al joven de hace dos generaciones lo que le gustaba era el coñac, que era cosa de hombres,
según se decía en la televisión. Para ser un hombre había que
aguantar bebidas fuertes. La cerveza, por mucha que bebas, te
hincha el estómago antes de emborracharte, y si encima la
compartes con los amigos, ese mismo ritual de pasar la botella va mermando las posibilidades de la borrachera.'

PREGUNTA:¿De dónde ha salido la fórmula de consumo del botellón?

RESPUESTA: Antes se llamaba litrona, que era una bebida de consumo familiar y baja graduación alcohólica, cinco o seis grados,
por tanto es lo más inofensivo dentro de las bebidas alcohólicas. Lo que se consume en los pubs tiene, probablemente,

muchísima más graduación. La litrona la compraban las amas de casa por ser el alcohol más barato y más suave. Los chicos han reproducido ese modelo. El fenómeno tóxico parece poco escandaloso. El modelo de la ama de casa que compraba la litrona porque le resultaba más barato, se ha trasladado a fuera. Los jóvenes lo realizan en su propio ámbito de convivencia, pero reproducen el modelo que han visto en su propia casa: poner una litrona en medio del grupo y repartir la cerveza entre los comensales. Reproducen el esquema de beber colectivamente. Cualquier observador medianamente sensato e imparcial se da cuenta de que beber en grupo es bastante más inofensivo que beber individualmente. El alcohólico de verdad es el que se pone en la barra con una botella y se la bebe. En Andalucía, por ejemplo, hay un consumo grupal a la hora del aperitivo, y se suelen beber vinos con bastante más graduación que la cerveza, fino o manzanilla. ¿Qué ocurre? Que la gente no se emborracha. El ritual es parecido al del botellón: se pone la botella y se va sirviendo a todos los del grupo. Y cuando se acaba, otra. Así, entre charla y charla, la gente resiste. Se bebe menos cantidad, y menos compulsivamente, en grupo que individualmente. El consumo colectivo es una tradición en España, y consiste en beber, pero no en emborracharte. Un grupo hace que nadie se pase de la raya y que todo el mundo esté al mismo nivel. Si uno bebe más de la cuenta, queda mal ante los demás. En grupo se bebe para pasárselo bien, para estar más dicharachero, más locuaz, más sociable. En cambio, el alcohólico bebe solo, es un tipo que tiene mala uva y que a la primera de cambio empieza a insultar a la gente y a incordiar al personal.

PREGUNTA: ¿Qué hay de nuevo en el botellón?

RESPUESTA: Lo novedoso es que beben las chicas. Puede que eso sea lo que produce escándalo. La participación de las chicas en estos grupos suaviza mucho el ambiente. Los quintos de los pueblos que se iban a la mili eran tíos nada más y bebían toda la noche, y hacían unas gamberradas tremendas. La presencia de las chicas suaviza los comportamientos en esas fiestas. A veces puede haber alguna pelea por lo de que si has mirado a mi novia, pero en términos generales no es así. Se trata de estar con chicas –y las chicas de estar con chicos– lo cual es un fenómeno muy natural.

PREGUNTA:¿Entonces no son más que cosas de la edad?

RESPUESTA: Hay un fenómeno generacional. Antes los jóvenes estaban mucho más controlados por los padres. Si hemos rebajado la mayoría de edad a los 18 años, ¿cómo decirle a un chico de esa edad que no esté en el botellón? La familia ha cambiado, se ha hecho más tolerante y se ha impuesto la costumbre de pasarlo bien de noche, cosa que antes no sucedía. Sería interesante estudiar por qué ahora los jóvenes empiezan a divertirse a partir de las diez de la noche. Tradicionalmente los jóvenes quedaban a las seis de la tarde con lo cual a las diez o las once ya estaban en casa. El botellón surge siempre en sitios donde hay bares o discotecas, que ya han fomentado el ocio nocturno. La pelea de los vecinos es alternante, antes era contra los bares y ahora es contra en botellón. Parece que si los bares tienen los papeles en regla no se pueden meter con ellos. Pero es evidente que la gente atrae a la gente. No le vas a decir a un joven que vaya a pasear al campo para divertirse; busca a otros jóvenes, que es lo normal. Y los jóvenes están en las zonas de discotecas y de bares.

PREGUNTA:¿Ha cambiado el modelo de consumo de alcohol en España?

RESPUESTA: En la fiesta siempre se ha bebido en este país. También se ha bebido diariamente en la comida o se ha tomado un vino antes de cenar. Se bebía asiduamente. Y luego, en el día de asueto siempre se ha bebido más para animarse, para sacar a bailar a las chicas y esas cosas. El modelo anglosajón es el del bebedor solitario. En los últimos años ha descendido el número de alcohólicos y el consumo de alcohol en España. Ahora se busca más la fiesta. Las mujeres se han incorporado a la fiesta, y también beben, aunque mucho menos que los hombres. Todavía la imagen de una mujer borracha es más impactante que la de un hombre, del que sólo se dice que se le ha ido la mano. Las chicas beben por estar un poco en la pandilla, pero beben menos por su propio autocontrol. La experiencia que yo tengo es que no está aumentando el alcoholismo. El consumo alcohólico está descendiendo. Antes éramos el segundo país del mundo, y ahora somos el sexto. El primero sigue siendo Francia, porque el vino es la sangre francesa. Teniendo en cuenta que aquí hay 50 millones de turistas, si hemos descendido el consumo global del alcohol, medido en grados, eso responde a dos fenómenos: que la gente bebe más cerveza que otras bebidas más fuertes –sobre todo la gente joven–, y luego que se bebe menos en términos generales. En los hospitales psiquiátricos apenas hay alcohólicos. He conocido fases (los años 60 y 70) en las que había un 50% de alcohólicos –entre los hombres– en la población psiquiátrica. Ahora es raro encontrar un alcohólico.

PREGUNTA: ¿A qué atribuye el enorme debate público que ha acompañado al botellón?

RESPUESTA: Me llama la atención que en este país de fiestas –los toros, los Sanfermines, la Feria de Sevilla, etc.– la fiesta escandalice a nadie. En este tipo de unanimidades extrañas los medios influyen muchísimo. Ya todo el mundo piensa lo mismo sin pararse a analizar el fenómeno: eso es malo y punto. Ahora el único problema es cómo eliminar eso. Nadie se para a pensar por qué se produce el botellón. A mí me parece que es un fenómeno de intolerancia social que llega hasta nuestros propios hijos. Los chicos que van al botellón son hijos de familias normales, de clase media-baja, porque no tiene dinero para meterse en un pub o en una discoteca. Beber toda la noche en un pub cuesta mucho dinero. ¿Qué quieren, que roben? Así se podrían meter en un pub, estarían más calladitos y todos conformes. Si miras el fenómeno objetivamente, ¿qué ocurre?: pues que son un grupo de jóvenes que se reúnen. Es una tendencia absolutamente natural que los jóvenes busquen a los jóvenes, sea en la discoteca o sea en la calle. Vas a un pueblo y ves a los jóvenes paseando por la plaza. Se divierten con una fórmula impuesta: divertirse por la noche. ¿Por qué antes no se divertían por la noche? ¿Molestarían menos si se reunieran de seis a ocho de la tarde? ¿El problema es sólo que no dejan dormir? ¿Que se orinan?, pues ¿por qué no hay urinarios públicos, como en cualquier ciudad civilizada? Son jóvenes que se reúnen y punto. ¿Que se agrupan en una plaza?, es lógico. En Madrid no hay muchas plazas habitables, persisten algunas en los barrios viejos, donde viven precisamente viejos. Ése es el fenómeno más chocante, que ahí tienen que coexistir dos generaciones demasiado distantes. Paradójicamente, los que más protestan son gente de treinta y tantos años, que hace poco eran igual de gamberros o más que los chicos de ahora. Tenemos una juventud sana. Son pijos y consumistas, como lo son sus padres. No han vivido más que el consumo. Simplemente no tienen dinero para pasar la noche de pub en pub. Lo más barato es el botellón, reunirse en una plaza, un lugar amplio. Esa es una tradición de siempre, no es que los jóvenes la hayan reinventado ahora para fastidiar a los vecinos. Los chicos viven vicariamente el fenómeno del consumo de los bares. Van a donde hay gente, a zonas en las que hay muchos bares llenos de público que bebe y no molesta. Como no pueden acceder a los bares porque sería muy caro, se quedan en la calle. ¿Hay violencia? Menos que en el fútbol, probablemente.

MÁS ALLÁ DE LAS COPAS: LAS DROGAS

El fugaz protagonismo mediático del botellón casi logró eclipsar a otro de los demonios favoritos de las sociedades contemporáneas: la droga, así, en singular y sin matizaciones. Ha resultado particularmente curioso que una de las cuestiones en las que han hecho especial hincapié las instituciones públicas encargadas de estudiar el fenómeno del botellón sea incluir el alcohol en la definición de droga. «Hace falta decir con claridad que el alcohol es una droga muy peligrosa y que los datos de consumo de esta sustancia entre la población juvenil dibuja un futuro preocupante», ha dicho ni más ni menos que José Manuel Torrecilla, gerente de la Agencia Antidroga. No quedan lejos los tiempos en que la mera diferencia legal entre el alcohol (y el café o el tabaco, por ejemplo) y las drogas prohibidas suponía para muchos algo más que una barrera artificial. La machacona propaganda institucional contra «la droga» ha abierto un auténtico abismo ético entre las sustancias legales y las ilegales –unas son buenas y otras son malas– queriendo hacernos creer que las cosas tienen cualidades morales. No es lo mismo beberse un coñac mientras se fuma un puro, que tomarse un ácido o apurar un porro: lo primero es normal y lo segundo una rareza monstruosa.

El consumidor de sustancias prohibidas se nos presenta como un ser depravado que se aparta de la sociedad y es capaz de cualquier barrabasada, mientras que el amable ciudadano que bebe, quizás en demasía, no es más que un tipo alegre o, en el peor de los casos, un desgraciado que sucumbe al alcohol. Ahora, gracias al ruido mediático provocado por el botellón, la sociedad en pleno ha caído en la cuenta de que el alcohol es una droga y que los jóvenes lo beben. Como quiera que las borracheras callejeras del botellón han terminado siendo mal vistas por sus consecuencias indeseables en la convivencia urbana, se ha acabado por descubrir que beber es una forma de intoxicarse, de perder contacto con la realidad, una actividad lúdica que implica riesgos para la salud y alteraciones del orden público. Igual que las drogas.

Para acabar de caernos del guindo –por si todavía había alguien paseándose por la ramas– conviene tener en cuenta que los jóvenes no sólo consumen una droga, ilegal o no, sino que la mezcla de sustancias está a la orden del día. Las alarmas se disparan cada vez que se produce un suceso luctuoso relacionado con las drogas. Las esporádicas muertes de jóvenes por el mal uso de algunas drogas sigue causando un enorme revuelo. En plena crisis del botellón aconteció la tragedia de Málaga, donde unos chavales murieron en medio de una macro-fiesta donde las drogas de diseño corrían de mano en boca. Se armó la marimorena, como si en ese mismo momento la sociedad española hubiese descubierto que los jóvenes comen pastillas de todos los colores, cuando todas las encuestas coinciden en que las drogas de diseño son las que han experimentado un mayor aumento en su consumo durante la última década. Ante la tragedia, una vez más se produjo la reacción habitual del mundo sano y adulto en forma de la enésima retahíla de condenas que no van a ninguna parte, adobada con desinformación al por mayor y los debates mediáticos más escandalosos y amarillistas. Al final, según costumbre, nos quedamos sin saber qué llevan dentro exactamente las pastillas de marras, cuántas se pueden comer sin peligro, con qué no hay que mezclarlas, qué efectos tienen, cuáles son sus contraindicaciones y otros datos de interés para la salud pública. Lo que sí alcanzamos a entender todos es que son cosas muy malas y muy prohibidas, modernas manzanas del Árbol del Bien y del Mal a las que no hay que propinarles ni un bocadito. Lo que pasa es que el ser humano es como es, y ante la prohibición reacciona como los gatos ante la curiosidad: quemándose los bigotes.

Afortunadamente, ya hace tiempo que no es noticia diaria el hallazgo de cadáveres de yonquis en servicios públicos, de manera que el patio está algo más calmado a este respecto. Las encuestas, además, ratifican este extremo. Según fuentes de la Guardia Civil y del Plan Nacional Sobre Drogas, el número de bajas como consecuencia del consumo de drogas ilegales es cada vez menor. Hemos pasado de las 553 muertes de 1991, a las 201 de 2001, un descenso del 59% en una década. La inversión de esta mortífera tendencia tiene mucho que ver con el tipo de drogas que se consumen. La heroína, una sustancia de muy delicado manejo, se ha convertido en una droga casi residual, y entre los pocos que aún la usan ha calado el mensaje de la peligrosidad de compartir jeringuillas, de manera que ahora el método más frecuente de consumirla es ser fumada en los famosos «chinos» de papel de aluminio. La cocaína, sin embargo, ha visto como crecía su prestigio al ser asociada a un determinado estatus económico. En la cerril sociedad de nuevos ricos que esforzadamente hemos construido en España, la cocaína es a las drogas lo que los descapotables a los coches, los yacusis a los cuartos de baño o los recauchutados cuerpos Danone a la gente de carne y hueso. Puede que todo esto tenga algo que ver con que en el porcentaje de cocaína detectado en los fallecimientos por consumo de drogas haya pasado del 26% en 1995, al 60% de 2001.

Al rebufo de las nutridas encuestas sobre el consumo del alcohol en los botellones, también se nos han suministrado multitud de datos sobre el uso de las drogas por parte de los más jóvenes. En un estudio hecho por la Agencia Antidroga de la Comunidad Autónoma de Madrid en el año 2000, entre jóvenes de 14 a 18 años, referido al consumo habitual de drogas, es decir, los que han consumido estas sustancias alguna vez en los treinta días anteriores a la encuesta, encontramos los siguientes resultados:

- Alcohol: 58,1% en España   61,1% en Madrid
- Cannabis: 19,4% en España   20,7% en Madrid
- Tranquilizantes: 2,5% en España   2,2% en Madrid
- Éxtasis: 2,5% en España   3,2% en Madrid
- Cocaína: 1,9% en España   1,1% en Madrid
- Volátiles: 1,4% en España   1,0% en Madrid
- Heroína: 0,2% en España   0,1% en Madrid

Las cifras son concluyentes. En España se bebe alcohol y se fuman canutos con gran liberalidad, algo más si nos circunscribimos al ámbito madrileño. Las pastillas son cosa de unos cuantos; menos todavía son los que le se permiten la cocaína. El consumo de pegamentos y heroína se mueve en terrenos ya absolutamente marginales. En ese mismo informe encontramos datos que dan una idea de lo que la información –o la desinformación– puede llegar a influir en la mente, no ya de los jovencitos, sino de los mayores. Un 16% de los padres prohíben a sus hijos el consumo de alcohol, mientras que la cifra se eleva hasta un 76% cuando el objeto de la prohibición son las drogas en general. Y ya que hablamos de información, es conveniente echar una mirada a los datos suministrados por el último estudio del Observatorio Español sobre Drogas entre jóvenes e 14 a 18 años. Preguntados acerca de la información que tienen sobre drogas, sus efectos y problemas, contestaron lo siguiente:

✓ 15%: informados a medias.

✓ 2,9%: mal informados.

✓ 42%: suficientemente informados.

✓ 39,7%: perfectamente informados.

A la vista de estas respuestas parece que el personal juvenil se las sabe todas acerca de las drogas. Nos caben muchas dudas al respecto. Desde luego, si los jóvenes conocen bien el universo de las drogas no será porque exista desde las instituciones públicas un programa efectivo de información veraz, bien publicitado y ausente de prejuicios morales o legales. En esto, como con el sexo durante los años de la carcundia, la única vía de conocimiento suele ser el boca a boca o la propia experiencia, métodos ambos que combinan la poca fiabilidad de las fuentes con un gran factor de riesgo.

Para rematar la faena de los tantos por ciento, vamos a reproducir los resultados obtenidos por el famoso «Pulsómetro», descomunal «palabro» que denomina las encuestas radiofónicas que realiza la Cadena SER cada lunes. Con fecha del 25 de marzo de 2002 se hizo uno de estos sondeos con relación a las drogas y el botellón. Estos fueron los resultados:

✓ 58,9% en contra de la legalización de las drogas.

✓ 17% a favor de la legalización de las drogas.

✓ 16% a favor de la legalización de las drogas blandas.

✓ El 60% conoce a gente que ha conducido tras haber ingerido alcohol o drogas.

✓ El 20% reconoce haber conducido tras haber ingerido alcohol o drogas.

✓ El 75,1% opina que los jóvenes consumen más drogas que antes.

✓ El 15% opina que el consumo no ha aumentado.

✓ El 4,9% opina que el consumo ha disminuido.

✓ El 4% de padres sospecha que sus hijos toman drogas.

✓ El 54% de los jóvenes (entre los 18 y 25) años tiene amigos que toman drogas de diseño.

✓ El 6% de los jóvenes reconoce tomar drogas de diseño.

✓ El 12% de los jóvenes (entre los 18 y 25) participa en el botellón de forma habitual.

✓ El 20% de los jóvenes entre participa en el botellón de forma esporádica.

✓ El 55,6% de los jóvenes no bebe alcohol en fin de semana.

✓ El 24,3% de los jóvenes bebe de vez en cuando en fin de semana.

✓ El 16,4% de los jóvenes bebe habitualmente en fin de semana, pero de forma moderada.

✓ El 2,6% de los jóvenes bebe en gran cantidad los fines de semana.

Lo contradictorio de estos resultados (¿cómo es que un 54% tiene amigos pastilleros y sólo un 6% reconoce tomar pastillas?, ¿cómo es que un 60% de los españolitos conoce a gente que conduce bebida y solo un 20% reconoce haberlo hecho alguna vez?)

ensombrecen la fiabilidad de los datos, pese a lo cual no dejan de resultar interesantes. Por una parte queda claro que el tabú contra las drogas sigue ejerciendo su efecto en buena parte de la gente; por otra, reafirma el vicio nacional de tirar la piedra y esconder la mano.

HABLANDO DE VENENOS CON ANTONIO ESCOHOTADO

Como para moverse en los resbaladizos terrenos de las drogas conviene poner las luces largas, hemos acudido a la reconocida solvencia intelectual sobre el tema de Antonio Escohotado, profesor titular de Filosofía y Metodología de las Ciencias Sociales en la UNED y autor de *El libro de los venenos* e *Historia de las drogas*, al que le hemos interrogado acerca del particular y, cómo no, también sobre el botellón.

PREGUNTA: ¿Se ha convertido el alcohol en la droga mayoritaria en las ansias toxicómanas de la juventud?

RESPUESTA: Creo que no, es un complemento más. España ya no es el segundo país en consumo de alcohol del mundo, como lo era antes, y quizás una de las explicaciones de que no se consuma tanto alcohol es que se consumen otras cosas: chocolate, polvitos, pastillas... No soy joven y no estoy en el día a día de este asunto, lo que sí creo es que hay un par de parámetros sociohistóricos que hay que tomar en consideración. Hay instituciones francamente nuevas. Una es el fin de semana. No creo que haya una institución de importancia comparable al fin de semana juvenil en el mundo contemporáneo. Tiene algo de compulsivo: hay que hacerlo. Si le quitas el fin de semana por algún medio coactivo, desatarías en la juventud un auténtico síndrome de desesperación. La celebración de todos los fines de semana es algo nuevo que no había pasado nunca. La otra novedad es la disponibilidad económica de la juventud. Nunca había tenido dinero, y ahora es la irrupción de dinero la que condiciona las consecuencias. Los jóvenes dicen que no tienen dinero y que por eso hacen botellón, pero la verdad es que ahora tienen más dinero del que han tenido nunca. Lo que pasa es que dado como es la juventud, por mucho dinero que haya nunca hay bastante. Habría que considerar hasta qué punto los jóvenes están cogiendo trabajos más o menos temporales o basureros, para pagarse parte del fin de semana. Otros se quedan más tiempo del necesario en su hogar con tal de tener ese excedente para poder seguir celebrando el fin de semana. Esto ha cambiado el mundo de arriba abajo. Si intentamos explicarnos una costumbre concreta, el botellón, en un mundo nuevo donde la disponibilidad económica de los jóvenes genera el fin de semana, que a su vez encauza y organiza, no sólo la administración del tiempo, sino en qué se van a gastar los fondos, no nos va a salir la cosa. Es como si nos fijásemos en un detalle de un cuadro y pensásemos que por ese detalle el cuadro correspondía a otra escena. No, veamos la escena completa. Yo confieso que no lo entiendo, estoy fuera, lo único que entiendo es que es algo completamente nuevo. No se sabe bien si es que la juventud ha accedido a una liquidez que nunca tuvo o si se ha creado una rama de la industria del comercio nueva que hace el «catering» de la juventud, e incluso el de la infancia, porque ahora el infante también es importante. En una sociedad productivista como la que teníamos antes, todos estos fenómenos no sólo resultan novedosos, sino también escandalosos, para la gente mayor. Los jóvenes tienen ese deseo, que también es necesidad, de gastar dinero en las industrias dedicadas a ellos.

PREGUNTA: ¿Por qué el deseo se convierte en necesidad?

RESPUESTA: No sé si es porque ya interesa menos el buscarse a sí mismo y el realizarse tanto en forma vocacional o profesional. Estamos en una sociedad en la que, al haber tanta afluencia, es menos urgente llegar a ser el que uno es –buscarse a sí mismo– y por otra parte independizarse y hacerse próspero. Ahí están papá y mamá, y los abuelos, a lo mejor un hermano mayor que todavía pertenece a la vieja escuela... De todos ellos se puede cobrar, devolviendo en forma de cariño, lo que en la práctica es necesidad concreta de activo.

PREGUNTA: ¿Cuáles son las drogas –ilegales– de consumo generalizado en la juventud actual?

RESPUESTA: El botellón parece ser el principio, y luego, todo lo demás que haya será bienvenido. Me parece que se está haciendo un consumo ritual o coreográfico del «chocolate». La juventud toma «chocolate» en parte para demostrar que son progres y que no son pijos. En un rincón de un bar los progres fuman «chocolate» y en otro los pijos esnifan coca, por ejemplo. Pero si les pasas «chocolate» afgano del de antes o hierba de gran calidad reaccionarán con gran desagrado, porque lo que en realidad desean es el CBD, o sea el narcótico del «chocolate» que manda el «moro», no el THC que es lo que tiene la marihuana, entre otras cosas porque no admite una ingesta coreográfica. La verdadera marihuana o el buen hachís no admite fumarse muchos porros desde que te levantas hasta que te acuestas, tal como se fuma el tabaco. De una buena marihuana te fumas un petardo y ahí te quedas, y cuando te ha bajado el efecto, por mucho que intentes recuperarlo no puedes, por un fenómeno de tolerancia. Así las cosas, la juventud hace un uso coreográfico del «chocolate» que no lleva THC. Luego, necesita tanto como el «chocolate» el «pastilleo», ya sea éxtasis o sucedáneos. El éxtasis es para ligar, no para fornicar, para lo que es muy malo. No creo que se descubra nunca nada mejor para ligar. Como se desarrolla fácilmente la tolerancia al éxtasis, también aceptan meterle al «perico». Cuando baja el éxtasis, se toma el «perico». Y ya con la mezcla del botellón de calimocho, se toman una pastilla, baja a las tres horas, se toman dos pastillas más, luego el «perico», que suele ser malo, y ahí ya comienza la ingesta, si es posible, de alcohol un poco más duro, o de fármacos de gran potencia, como la ketamina. La ketamina es una droga muy interesante, pero al mismo tiempo muy incapacitante, no permite una coordinación muscular mínima y crea unos accesos de irrealismo que no son para moverse mucho. Pero los chicos lo toman para poner la guinda a las fiestas. Otra cosa curiosa es que hay cada vez más hongos. La oferta ha crecido espectacularmente, tanto por la demanda como porque se han mejorado las técnicas de cultivo. Hay una producción buena y amplia en España ahora mismo. El que no los toma es porque no quiere. Además en los «smart shops» se venden los *kits* donde lo único que tienes que hacer es pagarlo, meterlo a germinar y al cabo de un tiempo tienes 4 o 5 kilos.

PREGUNTA: ¿Por qué se ha centrado la atención de los medios en el botellón? ¿Por qué se crea la llamada «alarma social» en términos parecidos a la producida tiempo ha con las drogas ilegales?

RESPUESTA: En parte porque tienen razón. El alcohol es un fármaco de difícil manejo. Una proporción no despreciable de las personas tienen mal vino, y eso es lo que lo hace de verdad de difícil manejo. Luego, sabemos que produce descoordinación muscular, lo que es muy peligroso para conducir, y como la mayor parte de la gente joven tiene coche o moto, eso aumenta los peligros para ellos y para terceros. Por otra parte, para seguir con el cuento del malo de la película tiene que existir un demonio, un riesgo, un peligro amarillo, y ese es ahora el alcohol. Al alcohol le costó muchísimo su asimilación por la cultura occidental. Los griegos y los romanos prohibían la ingesta de alcohol a los jóvenes, bueno, a los jóvenes por debajo de los treinta años, léase a Platón. Prohibían beber rigurosamente a las mujeres bajo pena de muerte, salvo a las rameras, que tenían derecho a beber alcohol; las casadas o casaderas no podían, léase a Tito Livio. El alcohol daba mucho miedo. Cuando aparecieron los aguardientes, en la baja Edad Media, hubo un nuevo ataque de miedo. Francisco I de Francia decretó que a los borrachos de licor se les cortasen las orejas y la nariz si reincidían en sus conductas escandalosas. Es una droga difícil. Pero Occidente ha acabado aprendiendo a beber. No todos, el norte sigue sin saber beber. Escandinavia sigue teniendo leyes muy severas, como Estados Unidos o Inglaterra: hay que esconder la bebida alcohólica, sólo se puede comprar a ciertas horas, etc. En el Mediterráneo parece que se ha conseguido hacer a ese gran enemigo un medio amigo. Ahora emerge como un potencial enemigo para un sector social sin el cual no vive la industria del comercio –la gente joven–, pero que al mismo tiempo no acaba de tener las salidas que tiene la gente mayor o que tenía la gente joven de otro tiempo, ese buscarse a sí mismo ético o profesional. Esa especie de blandenguería de la que puede acusarse al joven actual se expresa en que a lo mejor está dispuesto a trabajar para buscarse el dinero para el fin de semana, pero no para mantener a su abuela, no para dárselo a un tercero.

PREGUNTA: ¿El botellón pude ser un síntoma de un cambio del modelo social?

RESPUESTA: Todo lo que tiene de enormemente positivo el cambio de una sociedad eclesiástico-militar por una sociedad laica y civil, tiene como uno de sus inconvenientes el hecho de que se produce una falta de significado para las generaciones jóvenes. El consumo es, por una lado, la libertad de la sociedad civil. En el caso de los jóvenes, como tardan tiempo en encontrar su camino, se meten en el consumo, pero no consumen lo que se debe consumir: ebriedad, sexo y conocimiento, que son los tres armazones básicos. El joven da la sensación de que estudia para no quedar mal con sus padres, pero en realidad no tiene ganas, no encuentra, en la mayoría de los casos, un empleo vocacional. La tasa de desempleo que ha sufrido en los últimos tiempos Europa y España es altísima. Todo lo que sea tener menos de un 20% de desempleados ya es un exitazo. Ahora no tenemos emigración, sino inmigración, pero porque somos capaces de producir cosas que otros compran, y los de fuera, los que no son capaces de producir cosas que otros compran, lo que hacen es exportar personas. Lo que vemos es un momento en que la juventud tiene que adaptarse a los grandes cambios políticos del mundo: al hecho de que Dios ha muerto, de que el tirano ya no está justificado, o al hecho de que, en principio, vale la libre competencia, aunque eso en la práctica no pasa de ser un esquema teórico. A la juventud le falta un punto de espíritu de sacrificio que las juventudes anteriores siempre tuvieron, es decir, el deseo de cuidar de sus ancestros, de las personas en general. En este sentido hay instituciones enteras que parecen en trance de desaparición, como las monjas. Ahora parece que las ONG´S pueden substituir a las monjas, pero ese es un entramado progresivamente corrupto, que irá siéndolo mucho más a medida que pase el tiempo. Son buscadores de renta. Hay una crisis de valores de la juventud, aunque todas las juventudes las han tenido. La mayor parte de los jóvenes de mi tiempo tenían claras dos cosas: querían ser independientes y conseguir el respeto de las personas a las que querían. Mientras eso se mantenga estamos como queremos.

PREGUNTA: ¿Qué puede pasar si se prohíbe o se restringe de forma efectiva el uso del alcohol?

RESPUESTA: Tenemos la experiencia del pasado, que no podemos extrapolar sin más, de los paises escandinavos, donde más o menos se ha ensayado este sistema, y de los norteamericanos, que lo han ensayado a la brava. Aún así no podemos extrapolar los resultados porque las condiciones han cambiado mucho. Creo que si se produjera una prohibición del alcohol, y más centrada en jóvenes, con unos visos mínimos de eficacia, se produciría una diversificación del consumo. Aparecerían nuevas drogas y se multiplicaría su consumo por la misma razón que si aprietas un globo, el mismo aire que contiene hace que salga una protuberancia por otra parte. No me parece que haya otra solución más que la hidráulica en este caso. Insisto en que es una solución imprevisible. A mi juicio lo que pasa es que gran parte de las drogas antiguas están a punto de ser desplazadas –o ya lo han sido– por otras nuevas. Forma parte de la condición humana, ir sustituyendo tanto sus vehículos productivos como los de consumo. No me extrañaría que hubiese intentos de experimentar con una «ley seca». La «Ley Seca» de los Estados Unidos fue el primer experimento moral del siglo XX. Lo que pasa es que ese tipo de experimentos no suelen ser jurídicamente aceptables, ni suelen producir unas consecuencias a la altura de las espectativas. Es la problemática de los crímenes sin víctima. Cada vez que hay un crimen sin víctima se crea una espiral de provocación de esas mismas acciones, porque es un tipo de crimen que suele ser algún servicio muy demandado entre adultos que, por alguna u otra razón, son indignantes para la moralidad reinante, de manera que se persigue. Pero esa persecución no sólo resulta ineficaz, sino que crea el fenómeno que intenta suprimir. Hay que distinguir siempre moralidad y derecho. En casos de drogas, sexo u opiniones, el derecho no puede estar para nada que no sea fluidificar las relaciones voluntarias entre adultos. Cada vez que el derecho se pone al servicio de una moral se corrompe como derecho y corrompe a la moral que defiende.

4

La batalla del botellón

Para cualquier persona ajena a la evolución del botellón, éste ha surgido como problema social hace bien poco tiempo. La realidad, sin embargo, es muy otra. Hace varios años —cuatro o cinco, dependiendo de a quién le prestemos oídos— que esta práctica ha venido generándose en proporciones alarmantes. Como ya es costumbre en la sociedad de la información/desinformación en la que vivimos, tal parece que el botellón no hubiese aparecido en nuestras vidas hasta que salió por la televisión, y esto no empezó a suceder hasta diciembre de 2001, mes en el que confluyeron varias circunstancias para que diera comienzo lo que viene siendo una auténtica «batalla del botellón».

LAS PRIMERAS ESCARAMUZAS

Antes de empezar la cronología de los sucesos acaecidos desde esa señalada fecha, conviene recordar algunos antecedentes. En la memoria de los más interesados en el asunto están las protestas que protagonizaron hace unos años los vecinos de las plazas de Barceló y los Carros. En el primer caso, se trató de una revuelta vecinal, conocida como «la protesta de los orinales», que intentaba llamar la atención del Ayuntamiento de Madrid sobre la insoportable peste de orines que se sufría en aquel lugar. Los munícipes, sesgadamente receptivos al problema, no tomaron ninguna de las medidas que reclamaba el vecindario –control policial, apertura de urinarios, etc.–, sino que se limitaron a vallar los Jardines del Arquitecto Ribera, propiedad municipal que están a espaldas del Museo de la Ciudad, no se los fueran a estropear la muchachada con sus micciones. Mejor suerte tuvieron los habitantes de la plaza de los Carros, que consiguieron que la Policía Municipal pusiera coto a las interminables tamborradas que se producían en aquel lugar por medio de la toma semi-militar del entorno.

Más cercanos en el tiempo están los sucesos del verano de 2001. Desde principios del mes de julio, vecinos de la plaza de San Ildefonso, lugar crítico de uno de los botellones más bullangueros y marranos del centro de Madrid, iniciaron una serie de tímidas protestas. Los balcones de la plaza se llenaron de pancartas con lemas como «Drogas no», «Queremos un barrio limpio», «No más basura» o «No más ruido». No sirvió de nada. Tal fue el desánimo del personal que una propuesta de sentada en la citada plaza no tuvo mayor audiencia, como tampoco la tuvo la queja que estos mismos vecinos presentaron al Ayuntamiento de la capital. Preguntado sobre el particular, el Concejal de Centro, Carlos Martínez Serrano, se salió por la tangente municipal: *¿Tendremos que poner veinte o treinta policías en cada plaza de Madrid? No se puede impedir que la gente esté en una plaza pública.*

Al calor de ese mismo verano, la plaza del Dos de Mayo fue protagonista de un suceso que no llegó a aparecer en los titulares de la prensa por muy poquito. Una de las escasísimas patrullas de policía municipal que patrullaban –es un decir– la zona, paró en medio de la plaza para pedir la documentación a un supuesto «camello». Como quiera que la hora era avanzada, la noche festiva y el personal ya había libado lo suficiente, esta actitud policial fue entendida como una provocación por y para los allí reunidos. La reacción fue inmediata. Cogidos desprevenidos y fuera de su coche, los policías fueron semi-lapidados por una lluvia de botellas. Si salieron vivos de aquella fue porque acertaron a parapetarse entre una pared y la mesa de una de las terrazas. Un vecino de la plaza llamó repetidas veces a la policía para que fuera a salvar del martirio a sus compañeros. A diferencia de lo que sucedía cuando se les llamaba para otros menesteres, esta vez los agentes del orden sí que aparecieron, recogieron a sus compañeros y salieron de allí pitando. En las siguientes semanas fue imposible ver ninguna patrulla policial más por la zona, pasara lo que pasara.

EL GENERAL INVIERNO

Con la llegada del invierno el botellón adquiere características específicas. El frío no desanima a sus participantes, más ávidos de jarana que en verano al poder dedicar a sus desahogos solamente los fines de semana (el curso lectivo ya ha empezado). Los muchachos forman corrillos más compactos y combinan los efectos euforizantes del alcohol con la necesidad de calentarse el cuerpo. En noviembre de 2001 el termómetro bajaba que daba gusto y los botelloneros decidieron pasar a mayores. En varias ocasiones arrancaron ramas de los árboles de la plaza, juntaron maderas recogidas en los contenedores y organizaron improvisadas hogueras de campaña en las que no faltaban los cánticos rituales con su correspondiente acompañamiento percutivo. Alarmados por la actitud asilvestrada de los chavales, algunos vecinos llamaron a los bomberos. La aparición del cuerpo de extinción de incendios fue muy mal recibida por los aprendices de pirómano, que lo saludaron con la consabida lluvia de botellas y palos. Refugiados alrededor del camión cisterna, los bomberos reclamaron la ayuda de la policía. Llegó esta y tuvo sus más y sus menos con la muchachada. Finalmente se apagó la hoguera y los sufridos bomberos decidieron, prudentemente, que de ahí en adelante no volverían a personarse en tan conflictivo lugar si no eran escoltados por la policía, cosa que tuvieron que hacer varias veces más a lo largo del invierno.

Mientras se sucedían estas aventuras ciudadanas tan simpáticas, se iba creando entre los vecinos de la zona un creciente ambiente de crispación. Fueron varios los que, desechando la posibilidad de dormir, bajaban a la plaza para recriminar a los bebedores sus gritos, músicas, meadas y destrozos. Por raro que parezca, estas incursiones en territorio apache raramente se resolvían con violencia, siendo la imposibilidad de establecer un diálogo coherente la tónica dominante. De forma tan espontánea como orgánica, a lo largo del mes de diciembre de 2001 acabó creándose un grupo de vecinos que decidió hacer algo. Las reuniones que se empezaron a producir en la plaza del Dos de Mayo los domingos por la mañana dieron lugar a lo que se acabó conociendo como la Asamblea de Vecinos de Malasaña, de la que ya hemos hablado en capítulos anteriores. Dicha asamblea decidió tomar por la vía de en medio, la de la acción directa, sin dejar de lado las reivindicaciones por curso legal. La captación de la atención de los medios de comunicación fue una de las prioridades del nuevo movimiento vecinal, así como las protestas sonadas en la vía pública, la colocación de pancartas, e incluso se llegó a barajar la posibilidad de emprender acciones judiciales contra el Ayuntamiento, a la vista de los buenos resultados obtenidos por los vecinos de Sevilla. El jueves 17 de enero de

2002, festividad de San Antón, se produjo la primera acción de la recién nacida Asamblea de Vecinos de Malasaña. Aprovechando las rancias celebraciones que en esa fecha se producen en la plaza de Barceló –consagración de animales por parte de un sacerdote, desfile de policías a caballo y asistencia de autoridades municipales–, un pequeño grupo de vecinos se sumó a la fiesta pancarta en mano y silbato en boca. De esta guisa se dedicaron a echarles en cara a los munícipes allí presentes su dejación de deberes y responsabilidades, lo que provocó la huida fulgurante de los representantes políticos y las amargas quejas del capellán y su parroquia de animales.

LA «MESA DEL BOTELLÓN»

Tan caldeado estaba el ambiente que algo debió llegar a oídos de la autoridad competente, porque en ese mismo mes, cercanas ya las Navidades, surgió la «Mesa de encuentro sobre el alcohol y sus consecuencias para la adolescencia y la juventud», conocida popularmente como la «Mesa del botellón», a auspicios de la oficina del Defensor del Menor. En esta mesa participó un variado colectivo de instituciones: asociaciones de vecinos, empresarios de hostelería, estudiantes y padres de alumnos; colegios de médicos, psicólogos y sociólogos; la Agencia Antidroga de la CAM, el Plan Nacional Sobre Drogas, el Consejo de la Juventud, CC. OO., UGT y la Fiscalía del Tribunal Superior de Justicia de la CAM, entre los principales organismos. Pese a que la variopinta composición de la mesa parecía propiciar una valoración interdisciplinar de un fenómeno como el del botellón, la decidida voluntad del Defensor del Menor, Pedro Núñez Morgades, la condujo hacia un único propósito: el estudio del consumo de alcohol por parte de jóvenes y menores, así como la propuesta de iniciativas para paliar ese consumo. La finalidad última de estos esfuerzos fue la presentación de una propuesta al Gobierno de la Comunidad Autónoma de Madrid para solicitarle la regulación por ley del consumo de alcohol.

Aunque con una fuerte discrepancia con respecto al texto del documento final por parte de varios integrantes de la mesa, el 25 de enero de 2002 el Defensor del Menor presentó sus conclusiones al Presidente de la Comunidad Autónoma de Madrid, Alberto Ruiz Gallardón, que aprovechó la ocasión para avanzar su intención de preparar una ley por vía de urgencia, a partir de el texto elaborado por la mesa, para regular el consumo de alcohol en la Comunidad. Lo más novedoso de las medidas que el Gobierno de la CAM se propone tomar reside en la taxativa prohibición del consumo en la vía pública y en las sanciones ejemplarizantes para los chicos que se salten la norma, obligados realizar trabajos comunitarios. Como mera curiosidad queremos señalar que ese mismo día un grupo de cámaras y redactores de Telemadrid tuvo que salir escoltado por los antidisturbios de la plaza del Dos de Mayo, tras haber intentado infructuosamente grabar a los jóvenes en pleno botellón y haber sido airadamente rechazados por estos.

COMIENZA LA BATALLA

A partir de el anuncio por Ruiz Gallardón de su proyecto de ley los sucesos sufren una notable aceleración. El domingo 27 de enero de 2002 se produce otra acción de protesta orquestada por la Asamblea de Vecinos Malasaña, esta vez secundada por asociaciones de distintos barrios: Chueca, Justicia, La Corrala, Las Letras, etc. Un grupo de unas trescientas personas de todas las edades inicia a las 12.00 una marcha desde la plaza del Dos de Mayo hasta la plaza de la Villa, sede del Ayuntamiento madrileño, pese a que su manifestación no cuenta con el permiso de la delegación del Gobierno por la sencilla razón de que no lo han pedido. Al final de su recorrido se encuentran con una prudente presencia policial y una mucho menos discreta presencia de medios de comunicación. En frente del Ayuntamiento, los convocados organizan una pantomima consistente en recrear un botellón. En menos de diez minutos la plaza queda hecha un asco: botellas tiradas, restos de líquidos pegajosos, bolsas y vasos de plástico adornan el suelo. Incluso se llega a simular una meada colectiva delante de los asombrados policías antidisturbios. En un comunicado leído *in situ*, los vecinos rechazan las medidas anunciadas por Gallardón por considerarlas blandas, imposibles de llevar a cabo y reiterativas con respecto a la legislación vigente, la cual exigen que se cumpla. Mientras que la manifestación tiene un éxito de audiencia notable entre los medios de comunicación, el Ayuntamiento no dice ni pío y renuncia a hacer ninguna valoración. Sin embargo, el Delegado del Gobierno, Francisco Javier Ansuátegui, sí que tiene algo que decir: «Madrid es muy grande y los medios que tenemos son los que tenemos», explica ante la reclamación vecinal de más vigilancia policial.

Dadas las dimensiones que iba tomando el asunto, con constantes reseñas periodísticas, editoriales, programas de televisión y debates radiofónicos, la oposición, tanto en el Ayuntamiento como en la CAM, entiende que tiene que decir algo y, si es posible, procurar que no sea lo mismo que dicen los gobernantes. El 29 de enero Pedro Sabando, portavoz del PSOE en la Asamblea de Madrid, coge por sorpresa al Defensor del Menor exigiéndole en público que la «Mesa del Botellón» incluya a los partidos políticos, a lo que el interpelado dice que no tiene inconveniente alguno. Un día después, el PSOE propone en el pleno del Ayuntamiento de Madrid que el problema del botellón se incluya en el Plan Contra el Ruido diseñado para el distrito centro, a lo que el PP se niega. El botellón, como se ve, pasa a formar parte de las reyertas políticas justo cuando los partidos andan calentando motores para las próximas elecciones municipales.

PERO... «LLEGÓ EL COMANDANTE Y MANDÓ PARAR»

El viernes uno de febrero de 2002 es una fecha que marca un antes y un después en la batalla del botellón. El Delegado del Gobierno –el mismo que pocos días antes hablaba de la precariedad de medios policiales en Madrid– organiza un «dispositivo especial» para combatir el botellón. Un despliegue de ochenta agentes de la Policía Municipal y Nacional, perros incluidos, toma militarmente la plaza del Dos de Mayo. A las siete de la tarde se cierran los accesos a la plaza y se procede a cachear a los jóvenes –y no tan jóvenes– que quieren acceder a ella. Los que llevan bebidas tienen que entregarlas o irse de allí. Ante el asombro de propios y extraños, la plaza queda vacía. Nadie pasea por ella, ni vecinos ni botelloneros, ante la masiva presencia policial. La circunstancia toma tintes felinianos toda vez que los chavales deciden organizar sus botellones donde les coge más cerca, esto es, en las calles adyacentes a la plaza prohibida. Allí, a escasos diez metros del «dispositivo especial», practican sus libaciones, eso sí, algo cohibidos por el espectáculo. Ante la prensa, Ansuátegui se explica: «Se trata de una operación preventiva para demostrar a los jóvenes y a los vecinos que somos conscientes de sus preocupaciones y que nos sentimos obligados a garantizar la tranquilidad y el descanso de los vecinos». El Alcalde de Madrid, silente durante los primeros compases de la problemática botellonera, se suma a la conquista y recupera el verbo: «Hay que tomar medidas porque los vecinos tienen razón».

Al día siguiente, sábado, la plaza continua tomada por la policía, además de una vistosa representación de los efectivos de limpieza municipal: 180 operarios y 40 máquinas, mucho más de lo que hacía falta para un día normal de botellón, y no digamos para uno en el que el botellón había sido suprimido. Aprovechando esta coyuntura, el Concejal de Limpieza del Ayuntamiento, Alberto López Viejo, declara muy ufano que «por primera vez participa el SELUR (Servicio de Limpieza Urgente)». Consecuentemente con estos desvelos por la pulcritud de las calles, la plaza de Barceló aparece festoneada de novísimos contenedores de basura. Desgraciadamente, al no estar incluida en el «dispositivo especial», los contenedores de Barceló no sirven más que como mesa para el super-botellón que se ha acumulado allí. Por su parte, la Policía Municipal arrecia en sus controles de alcoholemia a los conductores y, además, impone multas a cinco tiendas por vender alcohol a menores. Como la medida ya no coge por sorpresa a nadie, se producen las reacciones. Algunos vecinos salen a la calle provistos de flores para reglárselas a los policías, otros les invitan a café. Desde el PSOE, Rafael Simancas, portavoz de su grupo en el Ayuntamiento, dice que «Sólo se trata de una operación puntual y propagandística del Delegado del Gobierno». Inés Sabanés, portavoz de IU, afirma que «si no se toman a medio plazo otro tipo de medidas que incluyan a los jóvenes, la tensión puede ir a peor». Y los jóvenes, por su parte, no dicen nada: llegan, miran, ven a la policía y se van con sus litronas a otra parte. No se producen reacciones violentas ni de ningún otro tipo, circunstancia esta que sorprende a muchos vecinos que esperaban una respuesta algo más contundente por parte de la muchachada.

Pasado el primer fin de semana triunfal, el Alcalde de Madrid volvió a aprovechar para sacar un poquito de pecho delante de la prensa: «Es una pena que tengamos que acudir a las fuerzas de seguridad para que haya zonas tranquilas, nos gustaría no tener que hacerlo pero es indispensable. (...) Vamos a ver si con este impulso conseguimos que los jóvenes se vayan retirando voluntariamente. (...) Lo que pasa es que tendremos que montar un ejército, pero lo haremos con toda tranquilidad». Y para calmar un poco las ansias de la juventud botellonera, el regidor recordó que los polideportivos municipales están abiertos los fines de semana desde las seis de la tarde a las dos de la madrugada, por si los chicos se deciden a cambiar de una vez el alcohol por el ping pong.

Como nunca falta gente que no está contenta con nada, la semana siguiente a la acción policial contra el botellón fue pródiga en declaraciones a la contra. Colectivos como el Bloque de Estudiantes de Izquierdas, la Asociación Pro Derechos Humanos, Jóvenes de IU y el Movimiento por la Paz, la Democracia y la Libertad, suscribieron una nota en la que censuraban las medidas policiales porque «abren el camino a violaciones de los derechos humanos, criminalizan a los jóvenes y no van a solucionar el problema». El siguiente fin de semana, del 8 al 10 de febrero de 2002, la policía insistió en su postura, ocupando no sólo la plaza del Dos de Mayo, sino extendiendo su acción a las de Barceló, San Ildefonso, Juan Pujol, Villa de París y Las Salesas. También aumentó el aparato logístico de limpieza, así como los controles de alcoholemia a los conductores. Privado de sus principales lugares de reunión, el botellón del centro de Madrid se repartió como pudo por las calles colindantes, perpetrando en ellas los mismos comportamientos bullangueros que antaño tenían lugar en las plazas. Hay que reseñar que esta vez sí que hubo un atisbo de reacción juvenil: un par de docenas de chicos lograron sentarse a lo indio en medio de la plaza del

Dos de Mayo, bebieron a toda prisa unas litronas, desplegaron una pancarta que rezaba: «Menos represión. Bebidas más baratas», corearon tímidamente algún eslogan y se fueron pitando; la policía les superaba en número a razón de tres a uno. No hubo más incidentes, pero la zona empezó a llenarse de pintadas ominosas: «Vecinos, hijos de puta, si no queréis botellón vais a tener botellazos», «Viva Nerón que quemó Roma», «Vosotros tenéis el poder, nosotros la noche», «La calle es nuestra».

EL «CONGRESO DEL BOTELLÓN»:
JÓVENES, NOCHE Y ALCOHOL

La siguiente semana sucedió un magno acontecimiento: la celebración, en el marco incomparable del Palacio de Congresos y Exposiciones, del Congreso sobre Jóvenes, Noche y Alcohol. Durante los días 12, 13 y 14 de febrero, y bajo la presidencia de su Majestad la Reina Sofía, se leyeron ponencias de todo tipo analizando las circunstancias del ocio juvenil y el consumo de alcohol. El día de la inauguración hubo tres ministros: Mariano Rajoy, Ministro del Interior; Juan Carlos Aparicio, Ministro de Trabajo, y Celia Villalobos, Ministro de Sanidad (ninguno de ellos aguantaría en su respectiva cartera más de seis meses). Entre un elenco de ponentes formado por médicos, psiquiatras, sociólogos, antropólogos y derivados, el Ministro del Interior anunció la voluntad del Gobierno de la nación de crear una ley estatal que regule la venta y consumo de alcohol. Las líneas generales de este proyecto de ley contemplarían la prohibición de beber en la vía pública, la prohibición de vender alcohol a menores de 18 años, severas limitaciones a la venta y publicidad de alcohol, así como fuertes sanciones para los infrac-

tores. El proyecto de ley sería estudiado por una comisión inter-
ministerial –Interior, Sanidad y Asuntos Sociales– y trataría de uni-
ficar la dispersa legislación sobre el particular, teniendo en cuenta
que en España hay comunidades autónomas que ya tienen regula-
do el consumo de alcohol y otras que no. En la misma sesión inau-
gural, el director del Plan Nacional Sobre Drogas, Gonzalo Robles,
presentó los resultados del último estudio sobre consumo de alcohol realizado por este organismo y abogó por la puesta en marcha
de un plan de reeducación de los jóvenes bebedores inspirado en
actuaciones similares llevadas a cabo en Estados Unidos.

Como era de esperar, ante estos anuncios hubo opiniones para
todos los gustos. Desde los partidos de la oposición hasta el Consejo de la Juventud, pasando por la Confederación Española de Padres
de Alumnos, se hicieron propuestas unánimes para que el acento no
se pusiera en la represión, sino en la prevención y en la educación.
Los más alarmados ante lo que se les venía encima fueron los licoreros. El presidente de la Federación Española de Bebidas Espirituosas, organización que no fue llamada a participar en el congreso, dijo
estar dispuesto a llegar hasta la mismísima Reina para defender la
postura de los industriales del alcohol, contraria a la prohibición y
partidaria de que a los jóvenes se les «enseñe a beber».

El segundo día del congreso, Gonzalo Robles volvió a llevar la
voz cantante, proponiendo la instauración de una asignatura espe-
cífica y obligatoria dentro de la LOGSE para potenciar la prevención
del consumo de drogas y alcohol por parte de los jóvenes. Mientras
tanto, ponentes, mesas de debate y grupos de trabajo siguieron ela-
borando sus propuestas interdisciplinares de cara a una conclusión
final. Lo curioso es que ésta nunca llegó. El último día del congreso,
Gonzalo Robles se dispuso a protagonizar en exclusiva el discurso
de clausura, dando por buena la iniciativa ministerial del proyecto

de ley y poco más. Cuando todo estaba dispuesto para los aplausos de rigor, se truncó el guión de la comedia. Un importante sector de ponentes de diferentes grupos de trabajo empezaron a expresar su malestar por el hecho de que en las conclusiones finales del congreso no aparecieran por ninguna parte sus propuestas e iniciativas. La protesta fue subiendo de tono hasta alcanzar el nivel de griterío. ¡Tongo, tongo! se escuchaba por allí. Menos mal que ya no estaba la Reina. Finalmente pudieron acceder a los micrófonos dos compromisarias que leyeron un comunicado en el que expresaban su queja porque el Gobierno hubiera empleado el congreso como lanzadera y justificación de una ley estrictamente restrictiva, así como porque no se hubieran tenido en cuenta las tareas desarrolladas por los distintos grupos de cara a dar soluciones a las problemáticas juveniles del ocio y el alcohol. Muy molesto por estas intervenciones, el señor Robles dijo que había intención manifiesta de reventar el acto y puso punto final al asunto.

El fin de semana posterior al «Congreso del Botellón», como inevitablemente quedó bautizado aquello, continuó la presión policial sobre los puntos calientes del centro de Madrid. No hubo novedades ni incidentes, a menos que se puedan considerar como tales las iniciativas del Ayuntamiento madrileño, empeñado en sacar adelante sus beatíficas propuestas –«La tarde más joven» y «La noche más joven»– de mantener abiertos en horario nocturno los polideportivos, añadiendo como novedad la proyección gratuita de películas.

LA TOMA DEL DOS DE MAYO

El mes de marzo se estrenó con una auténtica «movida». Desde los últimos días de febrero andaba el personal revolucionado por una nota que había llegado a la prensa: una autodenominada Agrupación de Estudiantes por la Toma del Dos de Mayo había realizado una convocatoria por Internet para que se montara un macro-botellón en la citada plaza el día uno de marzo. El vecindario se echó a temblar temiendo lo peor: los borrachos vuelven en pie de guerra. Se habló de «grupos organizados», cundió el miedo y se suspendió una merienda-cena de confraternización organizada por la Asamblea de Vecinos de Malasaña para ese mismo día. La convocatoria colgada en la red decía lo siguiente:

CONVOCATORIA:

MACRO-BOTELLÓN EN LA PLAZA DEL 2 DE MAYO

¿Cómo es eso de que no podemos bebernos un mini de cerveza en la plaza? ¿Por qué estas leyes sin sentido? Queremos poder beber y fumar en la calle y no queremos que nos hostigue la policía. ¿Qué pasa con los que no podemos o no queremos pagar en pubs o terrazas?

En vez de tanto subir precios, tanta LOU y tanta policía:

¡«OCIO SANO» PARA ÁLVAREZ DEL MANZANO!

Nos vemos en la Plaza de Chueca (viernes 1 de marzo, 21 hrs), y desde allí nos vamos todos en tromba a tomar la Plaza del 2 de Mayo y hacer un macro-botellón.

Convoca: Agrupación de Estudiantes por

La Toma del 2 de Mayo (UAM).

Esta misteriosa «agrupación de estudiantes» hacía esta convocatoria desde una página web especialmente diseñada para el evento que, además, ofrecía un espacio abierto para que en ella se pudieran colgar todo tipo de reflexiones sobre el botellón y sus circunstancias. La que sigue es una que acompañaba a la convocatoria del macro-botellón.

«Miércoles 27 de febrero.

»La convocatoria a la Toma del 2 de Mayo rompe el consenso impuesto sobre la ocupación policial "antibotellón":

»Uno a cero. La Toma del 2 de Mayo ha conseguido ya su primera victoria. Los medios han pretendido en las últimas semanas que la gente acepte como "lógica" la ocupación policial de las calles con la excusa del "despliegue antibotellón". Y ahora no pueden esconder que las protestas existen. Las acciones de protesta que se han protagonizado en las últimas semanas en el barrio de Malasaña, y que han precedido a un masivo apoyo a la convocatoria de la Toma, han conseguido mostrar a los vecinos y a la sociedad que no todos estamos de acuerdo con las "medidas preventivas" que este gobierno franquista impone para "garantizar el orden".

»*El Mundo* publicó antes de ayer (25/02/02) un artículo en referencia a la convocatoria de la Toma del 2 de Mayo de este viernes. Además de intentar por todos los medios desprestigiar la acción presentando una información manipulada e inventada en un 90%, exponía algo muy interesante. Señalaba que ahora los vecinos se hacen eco de las quejas que se han producido desde la oposición en el Ayuntamiento, denunciando que el mero aumento de la presencia policial no es más que un parche para un problema que tiene que ser tratado de forma global. Consideran que esta presión puede desembocar en enfrentamientos que sólo conducen a poner a los chavales en contra de los vecinos».

»Se empieza a fortalecer una voz disidente y coherente. Y ahora muchos empiezan a entender que la ocupación policial es un "parche". El consenso impuesto a través del bombardeo mediático se rompe: uno a cero. La Toma gana; el poder pierde.

»Por otro lado, otros medios de comunicación masivos que también se han hecho eco de la convocatoria, como Antena 3 y los periódicos "Metro" y "20 minutos", "advierten" a los vecinos sobre "posibles enfrentamientos" este viernes. ¿Enfrentamientos? ¿Alguien ha hablado de enfrentamientos en algún momento? Está claro que este tipo de afirmaciones sólo buscan amedrentar a la gente para que no vayamos a tomar la Plaza del 2 de Mayo. Ellos nos quitan la calle y ellos se enfrentarán a nosotros si intentamos recuperarla.

»Pero no podrán quitarnos todo. Nos están quitando la educación (LOU), el trabajo (Reforma Laboral), Internet (LSSI), la naturaleza (Trasvases), etc. Y ahora también pretenden quitarnos la calle. No podemos dejarnos. Debemos tomar las calles porque si no lo hacemos, ¿qué será lo próximo? Vamos todos este viernes 1 de marzo a tomar el 2 de Mayo. Contra la ocupación policial y la privatización de la vida social.

¡VIVA LA TOMA DEL 2 DE MAYO!»

Pese al lenguaje guerrillero de la nota de convocatoria, la sangre no llegó al río. El día en cuestión se reunieron no más de tres o cuatro centenares de muchachos para luchar por su libertad perdida. Cuando llegaron al punto final de su recorrido, un grupo de cuarenta o cincuenta decidieron dar la nota. Se produjeron algunos escarceos con la nutrida representación de las fuerzas del orden que allí había, rompieron un poco el mobiliario urbano y se cargaron la luna de una entidad bancaria. Hubo seis detenidos. Nada épico. Los chicos, sin embargo, debieron encontrar aquello tan estimulante como sus padres –o sus abuelos– lo del mayo francés del 68, a tenor de lo que se pudo leer al día siguiente en la página de Internet dedicada a «la toma del Dos de Mayo»:

CONTRA LA OCUPACIÓN POLICIAL
Y LA PRIVATIZACIÓN DE LA VIDA SOCIAL
¡LIBERTAD A LOS 6 DETENIDOS!

«Sábado 2 de marzo.

»Disidencia, espontaneidad y lucha debajo de la cama de los movimientos sociales madrileños. Peligro, jóvenes sueltos. Cámaras y grabadoras de todos los colores, de televisión y de la policía. "¡Televisión, manipulación!", "¡Con tanta madera, haremos una hoguera!". Diálogo con los vecinos. "Esto se ha ido de las manos, ¿hasta cuando va a aguantar Manzano con los barrios tomados?". "Ahora tenemos mas tranquilidad, es cierto, pero es la tranquilidad de los cementerios. No queremos que las cosas sean así, queremos convivir en paz. Nosotros trabajamos todo el día, necesitamos dormir y descansar. Vosotros estudiáis, trabajáis, necesitáis reuniros con los colegas. Es cierto, la calle es de todos".

»Chueca, Barceló y la Plaza del 2 de Mayo vigilados por antidisturbios. Hay que "circular", no se puede estar de pie en la acera tomando... el aire. Abundante policía aunque menos de la que muchos esperaban, y los pobres chavales del pomposo "Servicio Especial de Limpieza Urgente" sacándole brillo a la tierra del 2 de Mayo, imaginando una colilla o una cáscara de pipa para aparentar que trabajan.

»Y entre Chueca y la plaza del 2 de Mayo se movilizaron cientos de jóvenes rebeldes y estudiantes inconformistas (unos 800 en total), el viernes 1 de marzo por la noche. Unos se acercaron a "ver qué pasa", otros se fueron acosados por la policía y las cámaras, y otros muchos se quedaron asumiendo las consecuencias. Lo que nadie vio fue a los militantes de la izquierda social madrileña. Apenas algunos grupos antifascistas. ¿Pero dónde estaban todos aquellos que dicen luchar contra la Europa del Capital, contra la LOU, contra la especulación y contra la represión policial? ¿Dónde estaba el Foro Social Trasatlántico, las Asambleas de Estudiantes de la CAEF, Izquierda Castellana, los okupas de Lavapiés, la Coordinadora Antifascista, Nodo50, SinDominio, UPA-Molotov, Ecologistas en Acción, los antifascistas de Prosperidad? ¿Alguien los vio? En serio, ¿alguien los vio?

»Durante la semana anterior al 1 de marzo se hicieron intentos de coordinar un bloque de personas que lograra organizar y aglutinar a la gente que fuera al barrio de Malasaña. Y la respuesta fue un contundente "nos van a matar, va a ser una batalla campal, no sé si ir". Otros simplemente callaron.

»Pues ni nos mataron, ni fue una batalla campal. Y la gente que superó el miedo resistió el autoritarismo en las calles de manera espontánea. Pero la plaza del 2 de Mayo sigue ocupada por la policía y el miedo sigue ocupando las mentes de los militantes. Y la preparación había sido más que favorable, se habían conseguido varias victorias antes del 1 de marzo: se había logrado romper el consenso impuesto por los medios acerca de la ocupación policial "antibotellón", se había logrado el apoyo de mucha gente de fuera de Madrid, se había logrado difundir la convocatoria con la "ayuda" de los medios de comunicación oficiales. Había una jornada de confrontación y la gente lo sabía. Estaba en bandeja. Sólo faltó una cosa, lo más importante y lo principal: salir a la calle.

»Muchos lo hicieron, un aplauso para ellos. En Malasaña se demostró que no todos se conforman con aguantar. La disidencia fue firme. Pero muchos faltaron. Todos aquellos que se atreven a denunciar el Plan Colombia y la explotación del tercer mundo cómodamente desde Europa se quedaron en sus casas y en sus bares.

»Sin salir a la calle el resto de victorias se quedan en algo virtual, inexistente, que débilmente superan nuestra imaginación. Pues háganse a la idea, señores, de que si piensan parar la LOU y la Europa del Capital, en algún momento habrá que salir de debajo de la cama y bajar a la calle. En algún momento habrá que hacer política de confrontación. Y tengan por seguro que todo eso no se conseguirá sin "palos".

»¿Pensáis bloquear la cumbre oficial del 17 y 18 de mayo con comunicados?

»Os esperamos en la próxima. Esta vez sin miedo.

Agrupación de Estudiantes

por la Toma del 2 de Mayo (UAM)»

Con estas y otras reflexiones de similar corte se resolvió la breve oposición juvenil a la desamortización de sus plazas favoritas. En días sucesivos la policía fue tomando posiciones en otros señalados centros botelloneros –Faro de Moncloa, Intercambiador de Moncloa, San Francisco de Sales, Hilarión Eslava, Avenida de Brasil– dejando sin tocar otros tantos –Juan Bravo, Príncipe de Vergara, Parque del Oeste, Casa de Campo, Santa Ana, Marceliano

Santa María–. Vencidos y sin mucha moral de combate, los restos del colectivo botellonero se desperdigaron por las callejuelas del centro. Fiel a la teoría einsteniana de que la materia ni se crea ni se destruye, sólo se transforma, el neo-botellón sufrió un proceso de adelgazamiento y descentralización. Ya no hay plazas «okupadas», sino calles anegadas; no hay «chinos» abiertos a altas horas de la madrugada, pero las litronas y los tetrabricks siguen agolpándose en el suelo. La tormenta de protestas vecinales amainó un poco, aunque las calles del centro de Madrid sigan siendo objetivo principal de los excesos del botellón. Como consecuencia directa de este debilitamiento en la queja, y también debido a la inminencia de la fecha de caducidad de interés informativo, la atención mediática fue desapareciendo. Fin de la batalla, que no de la guerra.

EL IMPERIO DE LA LEY... SECA

Pasada la micro-crisis y con el cielo abierto, el 7 de marzo Ruiz Gallardón anunció a bombo y platillo las líneas generales de su proyecto de Ley sobre Drogodependencias y otros Trastornos Adictivos. Como ya se había adelantado, la nueva ley plantea recortes en la liberalidad del consumo de alcohol. Sin ánimo de reproducir exhaustivamente todo el texto del proyecto (aprobado y en vigor desde el 29 de julio de 2002), señalamos algunos de sus aspectos más importantes:

✓ Prohibición del consumo de alcohol en la vía pública, salvo en terrazas, veladores y durante las fiestas patronales, verbenas o similares.

✓ Prohibición de venta de alcohol en gasolineras, puestos ambulantes, máquinas automáticas y establecimientos no autorizados.

✓ Prohibición del envío a distancia de alcohol –tele-copas– en horario nocturno.

✓ Prohibición de vender bebidas alcohólicas para el consumo fuera de los locales autorizados.

✓ Imposición de tareas sociales a los infractores de las restricciones del consumo de alcohol en la vía pública.

✓ La publicidad de alcohol y tabaco no podrá ir dirigida al público juvenil ni podrá ir asociada al éxito social o sexual.

✓ Los centros públicos no podrán tener publicidad de alcohol o tabaco, y se aumenta de 16 a 18 la edad mínima para poder comprar éste último.

✓ Prohibición fumar en colegios e institutos.

✓ Los médicos que atiendan a un menor por intoxicación etílica o por otras drogas deberán comunicarlo a los padres o tutores, y si no a la Fiscalía de Menores.

✓ Los menores de 18 años tendrán prohibida la entrada a locales de todo tipo que sirvan bebidas alcohólicas.

✓ Prohibición de la venta de colas o pegamentos a menores de edad.

Las multas previstas para respaldar todo este arco de medidas son de fuerte calado económico, con la posibilidad de que los chicos que incumplan la ley puedan ser sancionados con trabajos en beneficio de la comunidad.

Las medidas que el Gobierno de la CAM se proponía aprobar fueron recibidas con división de opiniones. Por parte de las asociaciones de vecinos afectadas y los partidos políticos de la oposición se dijo que no contemplaban toda la problemática del botellón, que se escoraban peligrosamente hacia la restricción del consumo y no incidían en la prevención y la educación. PSOE e IU consideraron el proyecto «exagerado, contraproducente, efectista y difícil de aplicar». Tampoco les hizo gracia la nueva ley a los licoreros. El presidente de la Federación Española de Bebidas Espirituosas, Vicente Dalda, la calificó de «disparate» y aseguró que con esas medidas no se promueve un consumo razonable de alcohol, sino que la prohibición lleva a todo lo contrario. Se mostraron totalmente de acuerdo con la anunciada ley, sin embargo, los hosteleros, ya que eliminaba totalmente la competencia de otros gremios.

También celebró el proyecto el Alcalde de Madrid, que se alivió con una de sus inefables máximas: «Prohibir beber en la calle es eficaz, y quien quiera entender, que lo entienda». La defensa institucional del proyecto de ley recayó en el Consejero de Sanidad de la CAM, Ignacio Echániz, quien dijo: «Un gobierno inteligente es el que está al pie de la calle y explora la realidad social. El alcohol, que hace dos o cinco años no era un problema, ahora sí. Hay una nueva generación que impone culturalmente el consumo de grandes cantidades de alcohol en la calle». Los comentarios que esta declaración suscitó entre los vecinos que llevaban años soportando los rigores del botellón más vale no reproducirlos por una cuestión de estilo.

Finalmente, la conocida como «ley antibotellón», acabó aprobándose el 20 de junio de 2002 en un pleno atípico del Parlamento madrileño; dada la fecha, día de la convocatoria de huelga general por los sindicatos, los parlamentarios de PSOE e IU no estuvieron presentes en sus escaños, y la ley salió adelante sin debate y con los únicos votos del PP. Un mes más tarde, el 29 de julio, entró en vigor la ley. En sus primeras semanas de aplicación se impusieron varias multas a establecimientos y particulares, aunque en seguida se aflojó la mano, ya que el verano madrileño coincide con las fiestas patronales (San Lorenzo, San Cayetano, La Paloma), uno de los supuestos excepcionales contemplados en la Ley donde se permite el consumo callejero de alcohol. Lo que si que se llevó a cabo con absoluta rigidez fue la prohibición de la venta de alcohol en establecimientos de cualquier tipo a partir de las diez de la noche, con lo que fueron muchos los madrileños (mayores de edad, incluso más que talluditos) que se encontraron sin poder comprar ni una miserable botella de vino con que acompañar la cena.

No acaba aquí la batería legal dispuesta para hacer frente al botellón. Como donde manda patrón no manda marinero, más importantes que las iniciativas autonómicas de la CAM han resultado las del Gobierno de la nación. Fiel a su promesa en el «Congreso del Botellón», Mariano Rajoy, entonces Ministro de Interior, presentó el 24 de mayo de 2002 un Anteproyecto de Ley de Prevención del Consumo Indebido de Bebidas Alcohólicas, que fue remitido al Consejo de Estado, la Comisión Nacional de Administración Local, el Consejo Económico y Social, la Federación Española de Municipios y Provincias y al Consejo de Consumidores y Usuarios. El propósito de esta ley es prevenir el consumo de alcohol por parte de menores y racionalizar el consumo por los adultos. Aunque en informaciones filtradas con anterioridad a la prensa se había hablado de medidas mucho más duras, el proyecto de ley finalmente quedó muy dulcificado. Las líneas generales son las siguientes:

✓ Prohibición de venta de bebidas alcohólicas a menores de 18 años (antes era a menores de 16).

✓ Prohibición de la publicidad de bebidas alcohólicas dirigida a menores, así como la asociada al uso de vehículos, actividades educativas o sanitarias, o las referencias al éxito social o personal. Restricción la publicidad de bebidas alcohólicas en televisión entre las 8.00 y las 21.00 horas, a partir de las cuáles sólo se podrán publicitar bebidas de menos de veinte grados. También se prohíbe insertar anuncios de bebidas alcohólicas en las publicaciones dirigidas a menores y en las portadas y contraportadas de las dirigidas a adultos. En la radio no se podrán insertar anuncios de bebidas alcohólicas de más de veinte grados entre las 8.00 y las 21.00 horas, y se deberá advertir del peligro de su consumo abusivo.

✓ Prohibición de la venta y consumo de bebidas alcohólicas en la vía o los transportes públicos, siempre que altere la tranquilidad ciudadana o la libre circulación. También se prohíbe la venta y consumo en centros de menores y en el interior de los recintos deportivos o docentes. Las Administraciones Públicas podrán habilitar lugares específicos en los que se puedan consumir bebidas alcohólicas.

✓ Prohibición de la venta de bebidas alcohólicas en horario nocturno en establecimientos en los que no esté autorizado el consumo, así como en las áreas de servicio y descanso de las autovías y en las gasolineras. En los autoservicios, las bebidas alcohólicas deberán estar agrupadas en lugares no preferentes.

Todo este paquete de prohibiciones está respaldado por unas sanciones que van desde los 135.000 euros las muy graves, como vender alcohol a menores, a los 300 euros las leves, como transgredir las limitaciones publicitarias. Los menores que cometan alguna infracción podrán ser sancionados con la realización de trabajos sociales en períodos de dos a seis fines de semana. En el proyecto de ley se especula sobre la posibilidad de incluir en la educación primaria y secundaria contenidos orientados a la prevención del consumo abusivo de alcohol.

VUELTA A LA «MESA DEL BOTELLÓN»: ASÍ PIENSA EL DEFENSOR DEL MENOR

La llamada «Mesa del Botellón» fue pionera en la promoción de medidas que pudieran hacer frente a la problemática social generada por el consumo callejero de alcohol por los más jóvenes. El promotor de esta mesa, Pedro Núñez Morgades, Defensor del Menor, ha tenido que contemporizar con muchas opiniones diversas para acabar imponiendo su preocupación básica: el consumo de alcohol por parte de menores. Ya que fue quien protagonizó la primera iniciativa institucional acerca del botellón, decidimos ponernos al habla con él propio Núñez Morgades.

PREGUNTA: ¿Qué es la llamada «Mesa del Botellón»?

RESPUESTA: Es la mesa para el análisis del consumo de alcohol en la Comunidad de Madrid y su repercusión en los adolescentes y jóvenes.

PREGUNTA: ¿Cuándo se forma esa mesa y quién la propone?

RESPUESTA: La proponemos desde la Institución del Menor cuando se observa que el fenómeno del botellón propicia un consumo de alcohol muy fuerte. Hay un axioma: a mayor disponibilidad, mayor consumo. El fenómeno del botellón, por el cual jóvenes y adolescentes compran alcohol sumando el dinero de todos, hace que al final se tenga mucho alcohol y que éste se consuma hasta que se termina, por lo tanto propicia un mayor consumo. Vemos también que se empieza a beber cada vez antes. Ahora se empieza a los 13 años y medio. Entonces nos planteamos que había una situación difícil, un problema real, un consumo compulsivo de alcohol que es identificado con el ocio. Vimos que muchos de esos menores, con el tiempo, podrían ser alcohólicos crónicos. También nos preocupa la permisividad y tolerancia que hay en la sociedad con respecto al consumo de alcohol. Esto último es lo más chocante. Tenemos una encuesta según la cual el 88% de los padres tratan de evitar que sus hijos consuman otras drogas, pero frente a una droga como el alcohol, sólo el 16% de los padres se pronuncian de la misma forma. Es una permisividad chocante, que se agrava porque la normativa que existe sobre la venta de alcohol a menores no se cumple. En las encuestas sale que un menor sabe que puede comprar y consumir alcohol donde y cuando quiera. Ante esa situación teníamos que hacer algo. Entendimos que lo mejor era una mesa de amplia base social que analizase la situación y que luego propusiera a los partidos políticos una serie de actuaciones y abrir un debate en profundidad sobre el tema. Creo que lo hemos conseguido. Hemos puesto de actualidad un tema que al Defensor del Menor le preocupa y que, afortunadamente, hemos visto que también le preocupaba a todos los sectores sociales. Unos están preocupados por el consumo directamente, otros por la rotura de la convivencia que supone el fenómeno del botellón. Los vecinos de los barrios afectados nos dijeron en las reuniones que estaban al límite de su capacidad psíquica.

PREGUNTA: ¿Por qué ahora y no hace años?

RESPUESTA: La verdad es que lamentamos que no se haya hecho hace años, porque se ha deteriorado la situación de una manera ostensible. Si hubiéramos tomado medidas cuando este fenómeno afectaba a un grupo reducido de jóvenes, todo habría sido mucho más fácil. Uno de los problemas es que el fenómeno no se conoce. Los jóvenes te dicen con honestidad que ellos no tienen otra alternativa, que han encontrado una satisfacción en el botellón, que se comunican, que se relacionan, que disfrutan de estar por la noche hasta altas horas de la madrugada porque lo ven como una emancipación y una liberación de la familia... No ven alternativas. Es un fenómeno que hay que analizar sociológicamente. ¿Qué ven los jóvenes en el botellón? ¿Por qué no visualizan alternativas? ¿Por qué entienden el ocio sólo por la noche y no por el día? ¿Por qué sucede esto precisamente cuando hay más posibilidades de ocio que nunca? Hemos encargado estudios al Colegio de Sociólogos y Psicólogos sobre la repercusión negativa que tiene el alcohol, porque hoy en día la sociedad española no percibe el problema, lo cual hace muy difícil corregirlo, inmersos como estamos en la cultura del alcohol. Es un estudio médico sobre las consecuencias negativas, los daños hepáticos que se están observando en algunos menores, la violencia, los embarazos no deseados, los accidentes de coche... El alcohol tiene todas las secuelas de una droga: la adicción, la dependencia, la tolerancia, y eso lleva a plantearse por qué la permisividad con el alcohol.

PREGUNTA: Porque es legal.

RESPUESTA: Claro, pero aún siendo legal tiene unas consecuencias muy negativas. Hay que tomar medidas y la sociedad no tiene que ser tan benevolente con el alcohol. Todo se celebra con alcohol. Parece que no produce efectos negativos. Los propios jóvenes lo dicen en las encuestas, ellos no tienen miedo a engancharse. Dicen que lo pueden dejar cuando quieran, pero la realidad es que beben cada vez más jóvenes y es normal que se mezcle el consumo de alcohol con otras drogas. ¿A qué sociedad vamos? El SAMUR ha atendido un 20% más de intoxicaciones etílicas en el 2001 que en el 2000.

PREGUNTA: ¿Hasta qué punto es útil el uso de la prohibición como herramienta?

RESPUESTA: Tratándose de jóvenes la prohibición parece casi más un aliciente para incumplir. La prohibición, en un principio, no es buena, sobre todo si no va acompañada de otras medidas. Si se prohíbe y nada más, apaga y vámonos. La idea que nosotros hemos tratado de impulsar es que frente a unas medidas prohibitivas –una era que no se vendiera alcohol desde las diez de la noche hasta las ocho de la mañana, y otra era la restricción del consumo de alcohol en la calle– se acompañaran de muchas medidas preventivas, asistenciales, analíticas y educativas. Prohibir la venta de alcohol por la noche evitaría la disponibilidad de alcohol tan absoluta que hay, por lo tanto, a menor disponibilidad, menor consumo. Y prohibir el consumo en la calle evitaría las concentraciones del botellón. Todas estas medidas hay que aplicarlas con mucho cuidado y a muy largo plazo. No veo como solución que se presente la policía en una concentración de mil jóvenes a decirles: «¡Oiga, que aquí no se puede beber!»

PREGUNTA: Pues eso es lo que ha sucedido.

RESPUESTA: Bueno, pero ha sido más bien para evitar la tensión con los vecinos en la zona del Dos de Mayo. Allí podía ocurrir en cualquier momento algo, porque los vecinos ya no podían más.

Podía haber un enfrentamiento y la actitud de la policía ha sido para evitarlo, más que para evitar el consumo de alcohol.

PREGUNTA: Se habla con frecuencia de alternativas de ocio juvenil. ¿Cuáles?

RESPUESTA: Lo primero es saber si los chicos perciben o no el problema que hay en la sociedad por el consumo abusivo de alcohol por los jóvenes. Si lo perciben como tal, en conciencia entenderán que tenemos que poner algunas medidas para intentar evitarlo. Si no lo perciben, no sé cómo vamos a solucionar un problema si no se dan cuenta de que lo tienen. Concienciar a la juventud de que tiene un problema es una baza importante. Luego vienen las alternativas, que ninguna será completa, por supuesto. Se pueden abrir los centros deportivos, subvencionar el precio de los cines, hacer que se proyecten películas hasta las cuatro de la mañana, fomentar y patrocinar conciertos, discotecas «ligth» para menores de edad en las que pudieran estar hasta las doce de la noche y no hasta las diez, como ahora... Así, poco a poco, se pueden ir quitando cientos de chavales del botellón. Hay que echarle imaginación por parte de la iniciativa pública y privada para buscar alternativas para los jóvenes. Pero la principal medida a tomar es evitar que haya nuevas incorporaciones al botellón. Hay que actuar sobre los menores de trece años con información y formación. Informar sobre los peligros del alcohol y formar a la gente en una cultura de hábitos saludables de vida ajenos al alcohol, que sepan que uno puede divertirse sin beber, que al alcohol no es algo consustancial para la propia vida. Y que también hay diversiones y formas de ocio que no son sólo aprovechar la noche hasta las siete de la mañana. También puede ser aprovechable el día. Además, en la medida en que el ocio ocupa toda la noche, no hay ocio de día, porque están durmiendo.

PREGUNTA: ¿Y todas esas medida no implican cambiar las costumbres de buena parte de la sociedad?

RESPUESTA: Hay una gran carencia en la sociedad que es la formación de los hijos. Hay que ser consciente de la responsabilidad que supone tener hijos, hay que atenderlos, educarlos, sacar tiempo de donde no lo tengas para estar con ellos. Es muy difícil cambiar el modelo social, pero los padres están actuando con gran irresponsabilidad si abandonan la educación de sus hijos, que hoy se enfrentan a la vida sin ese bagaje específico que puede aportar un padre al avisarle de los peligros a los que se puede enfrentar. En efecto, habría que cambiar muchas costumbres de la sociedad. Se podrían adelantar los horarios, reducir los horarios de comida y que la gente llegara a su casa del trabajo a las seis en vez de a las nueve. Si eso se hiciera, los padres tendrían tiempo de estar con sus hijos. En la educación, los padres delegan la responsabilidad en los profesores, pero no la confianza. Es una situación inviable. Los profesores se quejan amargamente de que en el momento en que le dicen algo de un chico a su padre, estos ni siquiera les dejan terminar la frase. Su hijo es extraordinario y el profesor es un incompetente que no sabe cómo tratarlo. Es una situación tremenda, porque si los padres delegan en los profesores la educación de sus hijos, han de delegar también la confianza. Están como el perro del hortelano.

LOS CONSEJOS DEL CONSEJO DE LA JUVENTUD

Como ya hemos comentado anteriormente, la Mesa del Botellón acabó elevando un informe a la CAM que fue la base para el posterior desarrollo del proyecto de Ley sobre Drogodependencias y otros Trastornos Adictivos. Sin embargo, ese informe no obtuvo el consenso de todos los participantes en la mesa. Particularmente beligerante con el mismo se mostró el Consejo de la Juventud, de manera que llegados a este punto es de justicia cederles la palabra para que expliquen sus puntos de vista sobre lo cocinado en la famosa «mesa». Para ello nos pusimos en contacto con Nuria Ayuso, Presidenta del Consejo de la Juventud de la CAM.

PREGUNTA: ¿Qué papel ha jugado el Consejo de la Juventud en la «Mesa del Botellón»?

ESPUESTA: El Consejo de la Juventud es una plataforma de asociaciones juveniles. Hay consejos de la juventud autonómicos en todo el estado español, menos en Canarias. Somos parte de la participación ciudadana. Nos configuramos como el interlocutor de las asociaciones juveniles de la CAM. Por otro lado, como no hay otros interlocutores, funcionamos como representantes de la juventud madrileña.

PREGUNTA: ¿Cómo se desarrollaron los trabajos de la mesa?

ESPUESTA: El fin de esta mesa era crear un equipo multidisciplinar que trabajara para ver qué tipo de medidas preventivas y de choque se podrían aplicar para que jóvenes y menores consuman alcohol de una manera más moderada. Finalmente en lo que se convirtió fue en una mesa en la que se discutió un documento elaborado por el Defensor del Menor –en tan sólo dos reuniones– con sólo un par de horas de discusión sobre el mismo. Todo lo que se aportó en la primera reunión, que fue una lluvia de ideas, se había olvidado en ese documento. Hasta cierto punto, el documento nos vino impuesto. Luego hubo una tercera reunión para dar una última vuelta al documento, presentarlo a los medios de comunicación y establecer un calendario de reuniones con grupos políticos e instituciones para presentarles las conclusiones.

PREGUNTA: Entonces, ¿el documento fue consensuado por los miembros de la Mesa o no?

ESPUESTA: Para el Consejo de la Juventud desde luego que no es un documento consensuado. Yo he visto cierta hipocresía en todo esto. Es difícil estar en una mesa, en la que en principio quieres participar, y criticar constantemente un documento que te ponen delante sin comerlo ni beberlo. La gente se mantenía callada en las reuniones y sólo hacían determinadas aportaciones o críticas. Para nosotros no es un documento consensuado y, de hecho, en la última reunión dije que me separaba de ese documento, que me ofrecía a seguir trabajando –si había más reuniones– para expresar cuál era la postura del Consejo de la Juventud y por tanto del colectivo juvenil. No estamos de acuerdo ni en la parte de la ley ni en la de las medidas preventivas. En las reuniones que se desarrollaron muchas veces nos configurábamos en defensores del colectivo juvenil, porque había un Defensor del Menor y unas asociaciones profesionales, pero todo el mundo funciona como *lobby*, y el colectivo juvenil tiene determinadas reivindicaciones que no se escuchaban en esa mesa. Yo entiendo los problemas de los vecinos o de los comerciantes, pero nosotros teníamos que prestar atención a los problemas de los jóvenes. Que conste que las asociaciones de vecinos no han jugando un papel radical en estas conversaciones, sino que intentaron buscar un punto intermedio. Al final los poderes públicos fueron los más radicalizados. Luego, por parte de los medios de comunicación sólo se prestó atención a los vecinos más radicales y el Delegado del Gobierno se apoyó para su actuación en las declaraciones de esos vecinos.

PREGUNTA: ¿Cuáles son las reivindicaciones específicas del colectivo juvenil?

RESPUESTA: Nosotros entendemos que la ley no soluciona nada, sobre todo si lo que hace es recoger lo que ya existe, porque que un menor no pueda consumir alcohol ya estaba contemplado. Lo primero es hacer que se cumpla la ley ya existente. Es como lo de los locales denominados de los «chinos», que expenden alcohol sin tener licencia. Por otra parte, hay medidas que vemos imposible que se puedan cumplir, como la de que los bares de copas tengan que hacerse cargo de que los jóvenes no consuman alcohol en las inmediaciones de su local. Es una hipocresía imposible de cumplir. Las terrazas de verano también molestan a los vecinos y no se prohíben porque pagan sus impuestos municipales. Cuando hay dinero para las arcas públicas no hay problema y todo se permite, pero cuando no... En cuanto a las medidas preventivas no hay implicación por parte de nadie, no aparece la Dirección General de Juventud ni el Instituto del Menor y la Familia. A la mesa, además, no se llevaron informes médicos ni de ningún tipo que nos parecieran fiables. Habría que ver qué efectos produce que los jóvenes beban alcohol compulsivamente los fines de semana, porque los días de diario no beben nada ni con la comida. Quizás el problema real esté en por qué los jóvenes necesitamos emborracharnos, drogarnos. Ese ya no es un problema de salud, sino que habría que preguntarse por qué cuando llega el fin de semana tenemos la necesidad de desconectarnos de todo. Es más un problema psicológico que de salud pública. Luego hay otro problema: como los jóvenes cada vez retrasamos más el momento de la emancipación lo único que nos queda es la calle, porque no tenemos vivienda propia. Con perspectiva europea los jóvenes españoles son los que menos alcohol beben. En los paises nórdicos tienen un verdadero problema, y en Inglaterra lo mismo. Pero como existen residencias universitarias y viviendas de alquiler asequibles para los jóvenes no es un problema que se saque a la calle. Lo que pasa aquí es que hemos salido a la calle, y luego vienen medidas como la toma policial de la plaza del Dos de Mayo, que nos parece sencillamente anticonstitucional. El joven, como ciudadano, paga sus impuestos, y tiene derecho a utilizar la vía pública y los parques públicos.

PREGUNTA: ¿Qué propone el Consejo de la Juventud?

RESPUESTA: Desde el Consejo lo que pretendemos es hacer un estudio para conocer la opinión de los jóvenes. Queremos hacer un trabajo de campo que muestre cual es la postura del joven de la calle, no sólo del asociado. También queremos hacer un reparto de medidores de alcohol en los lugares clave del botellón para que los jóvenes puedan saber si superan la tasa para poder conducir o no. Por otra parte, hemos sacado un informe en el que nos quejamos de la evolución de la «Mesa del Botellón». No nos resignamos a que, habiendo problemas de empleo, de vivienda o de educación, nos tengamos que centrar en el botellón porque por parte de los poderes públicos, con vista a las elecciones de 2003 y a la presidencia de la Comunidad Europea, les venga bien satanizar a los jóvenes. Creo que se toman estas medidas para conseguir votos. Por otro lado, se avecinan un montón de foros alternativos con motivo de la presidencia de la Comunidad Europea. Barrios como el de Malasaña son donde están las sedes de colectivos contestatarios y antiglobalización, y nos preguntamos si se está intentando satanizar a los jóvenes para cuando quieran tomar medidas represivas contra este tipo de movimientos –que estamos seguros que se tomarán, y más con el Delegado del Gobierno que tenemos– y que así la imagen del joven sea la de un alcohólico que mete ruido, un hippie que toca los tambores en la calle y que lo único que hace es molestar. Éste es un problema del que llevan hablando los vecinos mucho tiempo y es mucha casualidad que justo cuando tenemos la presidencia de la Comunidad Europea se le meta mano. También se nos ocurre que el barrio de Malasaña está en el objetivo de las grandes constructoras, y en los últimos años el Ayuntamiento lo ha estado rehabilitando. Qué casualidad que haya sido en la plaza del Dos de Mayo donde se hayan producido las primeras actuaciones de la policía.

5

El papelón de la prensa

E l botellón ha sido una mina para la prensa. Este fenómeno reúne todas las características necesarias para que se hable de él profusamente, con o sin conocimiento de causa, y casi siempre quedando bien. Ni las discutidísimas alineaciones de la Selección Nacional de Fútbol dan tanto juego para la voracidad insaciable de los medios. El botellón es vistoso, cercano, de fácil acceso, poco comprometedor y no tiene un protagonista concreto, con lo cual se pueden decir barbaridades diversas sobre él, con la seguridad de que nunca van a llegar demandas por atentar contra el honor de nadie. Es, además, un tema que suscita grandes unanimidades: beber es malo, que beban los jóvenes es peor y que beban los niños ya es el horror, lo nunca visto. Así de fácil, y cuantos menos matices, mejor.

Como ya hemos relatado, la prensa no descubrió el filón del botellón prácticamente hasta las Navidades de 2001. Es cierto que con anterioridad habían aparecido reseñas puntuales de sucesos más o menos sonados, pero aunque el botellón llevaba casi un lustro rondando las calles y provocando serios cortocircuitos en la convivencia urbana, lo que se dice un seguimiento exhaustivo, con editoriales, columnas de opinión, dobles páginas, gráficos, encuestas, informes, chistes y demás, es algo que no se produjo hasta la fecha señalada. Por otra parte, el tratamiento dedicado al botellón nos ha recordado un poco a esas serpientes de verano que rellenan páginas sin ton ni son. Sin llegar al extremo caricaturesco de aquellas jaurías de perros que se comían viva a la gente, ni a las motos de agua que asolaban nuestras costas, las noticias sobre el botellón han caído con frecuencia en el pecado de la coyunturalidad: se ha escrito mucho cuando se suponía que aquello estaba caliente y poco cuando se ha desinflado el globo. Lo curioso del tema es que estos vaivenes en la intensidad informativa nunca se han correspondido con la realidad de los hechos. La prensa suele vivir en su propio mundo, en un universo artificial en el que las cosas son noticia por el mero hecho de que salen en las páginas de los periódicos, no porque sucedan en la realidad. Y si le damos la vuelta al razonamiento, peor: hay cosas que pasan que no son noticia porque no salen en los papeles. Puro onanismo profesional. Así planteado el funcionamiento de la información, el papel de la prensa en el asunto que nos ocupa ha sido penoso en la mayoría de los casos. Aparte de servir de correa de transmisión de los intereses y escaramuzas políticas que se han producido al hilo del botellón –y de sus posibles repercusiones electorales–, poco se ha leído que signifique un acercamiento a la realidad concreta de lo que ha venido sucediendo.

Del resto de los medios, radio y televisión, para qué contar. Esta última ha tratado el tema con su habitual formato de barraca chillona. Los programas que se han acercado al botellón, casi sin excepción, han seguido escrupulosamente la planilla básica de la tele-basura: gente gritando, ausencia de buenos modales, bulos en lugar de realidades contrastadas y presentadores que no saben, no contestan, y no les importa nada de lo que allí se habla, aunque sepan componer el gesto de cara dura para hacer ver todo lo contrario. La información veraz, la comprobación de los hechos, la capacidad de comunicar contenidos y todo eso tan pesado en que pueda consistir el periodismo no tiene cabida en el circo catódico. Desgraciadamente, el botellón ha resultado un fugaz objeto de deseo para la leprosería periodística de la televisión, pues era demasiado golosa la tentación de poner a unos chavales supuestamente botelloneros cara a cara con unos vecinos supuestamente iracundos. Seguro que más de una cabecita caliente de la tele rezaba en secreto para que se pegaran en directo: ¡qué subidón de audiencia!

Pese a todo lo dicho, hay que reconocer que los medios, además de propagar el alarmismo fatuo, han jugado un papel importante en la evolución de todo este asunto. La aparición de noticias constantes sobre la problemática social suscitada por el botellón ha sido, sin duda, lo que ha movido a los poderes de turno a «mover ficha», como se dice en el empobrecido lenguaje político del momento. Las instituciones públicas tenían total conocimiento de los problemas derivados del botellón desde hacía años. Buena muestra de ello son los sobredimensionados presupuestos municipales de limpieza en ciudades como Madrid o Granada, donde se destinan partidas extraordinarias para el aseo de los barrios arrasados por una fiesta continua que dura ya mucho tiempo. Las constantes quejas de los vecinos a concejales y policías no podían dejar lugar a dudas acerca de lo que estaba sucediendo. No es posible que las autoridades no conocieran los datos suministrados por policías locales, organismos sanitarios, etc. Hasta para el más obtuso de los responsables públicos era evidente que pasaba algo, otra cosa muy diferente es que hubiera interés en ponerle remedio; probablemente no rentara en términos políticos meterse en tamaño berengenal, quizás conscientes de que detrás del botellón hay mucho más que unos vasos de plástico llenos de calimocho. La cosa cambió como de la noche al día en cuanto el botellón se convirtió en noticia estrella de los medios de comunicación. Todos aquellos que no habían querido dar la cara en su momento luchaban por colocar sus altisonantes declaraciones en cualquier parte. La verdad es que la cosa ha tenido su gracia, porque ver a tanto prócer de la patria perder los papeles diciendo ridiculeces puede llegar a ser un espectáculo de extremada comicidad, muy en la línea del esperpento nacional. La resultante de este repentino interés de los poderes públicos por el fenómeno del botellón ya hemos visto cuál ha sido: ley y orden, como en los viejos tiempos. Pedirles comprensión, análisis, prevención y educación hubiera sido demasiado.

DESDE LO ALTO DE LA COLUMNA:
CARMELO ENCINAS, JOAQUÍN VIDAL, ANTONIO BURGOS
SUSO DE TORO, IGNACIO AMESTOY, LUIS RACIONERO
GABRIEL ALBIAC, JUAN JOSÉ MILLAS

Lo mejor y lo peor de la prensa suele anidar en lo alto de sus columnas de opinión. En estos pequeños reinos de taifas, firmas reconocidas por sus probadas dotes como literatos, intelectuales, políticos u oportunistas, tienen patente de corso para explayarse sobre lo divino y lo humano sin tener que regirse por las estrechas leyes del periodismo de base. Esta absoluta libertad de criterio es un arma de doble filo que permite a los columnistas realizar reflexiones interesantes o parir sin medida. Y con respecto al botellón ha habido de todo. Veámoslo.

Coincidiendo con la toma policial de la plaza del Dos de Mayo, el periodista Carmelo Encinas firmaba una columna en la sección de Madrid de *El País* (2 de febrero 2002) titulada «El botellón». Tras dar una visión políticamente correcta sobre el fenómeno, esto es, cargada de clichés, el artículo concluía de la siguiente manera: «Resulta evidente que existen unas carencias educativas tremendas, que no hemos sabido crear alternativas de ocio asequibles que permitan a los chicos divertirse sin recurrir al alcohol, y que son más quienes les contemplan como un negocio presente que como una inversión de futuro. Esto no afecta a unos cuantos vecinos, el botellón es un problema de todos». Sale aquí a relucir una de las cuestiones más discutidas de la problemática botellonera: las alternativas de ocio juvenil. Desde muy distintas instancias políticas e institucionales se ha insistido en este tema. Por lo visto los jóvenes no tienen alternativas de ocio, viviendo como viven en la sociedad del ocio. Ante esta inesperada carencia se han realizado propuestas de todo tipo, desde las mencionadas «manzanadas» de los polideportivos abiertos en horario nocturno, hasta la creación de todo tipo de «talleres ocupacionales», sea eso lo que sea.

Ante la discutible funcionalidad de regular y estabular el ocio juvenil, también se han podido leer algunas opiniones interesantes. En uno de sus últimos artículos, «*Alternativas*» (*El País*, 17 de febrero de 2002), el gran Joaquín Vidal, con su humor cabal y castizo, se echaba la muleta a la izquierda para doblegar las memeces reinantes acerca del divertimento de los más jóvenes: «La 'Ley del botellón' no puede aplicarse –dicen– sin dar antes a los jóvenes una alternativa. No acierta uno a saber qué significa la proposición: si es que toma a los jóvenes por tontos de baba o es que los jóvenes de las actuales generaciones efectivamente lo son. (...) Lo de las alternativas a un servidor le ha causado sorpresa. Se ve que ya va dejando de ser joven servidor. Un servidor siempre dio por supuesto que a los jóvenes lo que precisamente les sobraba eran alternativas; es decir, perspectivas, ambiciones, ideas para ligar (por ejemplo) y pasárselo lo mejor posible. (...) Probablemente la juventud actual tiene sus alternativas y no quiere que nadie se las busque, menos aún se las imponga. Mientras entre los del botellón están los que lo quieren todo hecho y no pasan de constituir minoría, sólo que abusiva en incivil. Claro que con la asistencia de una caterva de impresentables, responsables de la sublimación de la demagogia y la incultura, que van de intelectuales progresistas y no pasan de analfabetos caraduras. Y han contribuido a que aquí se asiente la desfachatez y la ignorancia, y esto sea una confusión y un desmadre».

Incidiendo sobre el mismo tema, en *El Mundo* del 25 de febrero de 2002, Antonio Burgos titulaba «*Botellón 'sin'*» su columna «El Recuadro», donde se podía leer: «En esta sociedad subvencionada e intervenida por el Estado en que vivimos, donde en el campo se plantan subvenciones de Bruselas más que cultivos y donde hasta quitar jaramagos de las cunetas depende de los incoherentes fondos de cohesión, ahora los ayuntamientos quieren inventar el PER del Ocio Juvenil. Sin tener en cuenta que ya son mayorcitos para divertirse solos, sin que les tengan que poner poco menos que guarderías tuteladas».

La cuestión de la tutela permanente de una juventud aniñada también está presente en el artículo de Suso de Toro titulado «*Fútbol, botellón y Gran Hermano*», publicado el 18 de febrero de 2002 en *Interviú*: «España ha infantilizado a sus jóvenes, y ellos lo van a pagar caro. Porque en la vida un día los padres se mueren, se acaban las subvenciones europeas y se acaba la cultura del ocio consumista y no hay más remedio que ponerse a trabajar. ¿Pero en qué van a trabajar hombres y mujeres jóvenes que han pasado dando tumbos los años de formación, que han sido formados en la irresponsabilidad? Si no has aprendido a ser disciplinado, a obedecer, a esforzarte, a espabilar en la infancia y la adolescencia, ¿a dónde vas a los veintitantos? ¿Quién te quiere contratar?»

En medio de la crítica generalizada hacia el botellón, sus orígenes y sus consecuencias, también ha habido quienes le han buscado el lado positivo o, por lo menos, han procurado quitarle hierro al tema, aunque para ello hayan tenido que realizar apuradas piruetas entre argumentos a favor y en contra. En *El Mundo* del 10 de febrero de 2002, Ignacio Amestoy firmaba un largo artículo titulado «*El gran carnaval del 'botellón'*», donde se podían encontrar reflexiones como esta: «Tras las grandes dionisíacas atenienses, las bacanales romanas, los carnavales cristianos y los aquelarres heréticos, el botellón madrileño, surgido de las cenizas de la movida, está creando un ágora para la posmodernidad que vivimos, alejada tanto del ruido aturdidor de los conciertos obsoletos como de la servidumbre funcionarial del trabajo global. Algo que George Orwell no llegó ni a imaginar».

En *Estrella Digital*, periódico de Internet, encontramos un artículo de Luis Racionero escuetamente titulado «*Botellón*» en el que se decía lo siguiente: «Que los jóvenes españoles comenzamos a beber a los 13 años y que el 76 por ciento de los de 14 a 18 beben regularmente no es nada nuevo: lo hemos hecho y el país sigue adelante. Beber no es problema, como todo, es beber sin medida lo malo, pero aquí somos civilizados, no bárbaros, o sea que tenemos noción de la medida.

El problema del «botellón», aparte de lo hortera del nombre, es el ruido, el griterío, ahí sí que España debería aprender de Suecia y bajar un poco el tono de voz. Pero en todo caso, a mí me esperanza que los jóvenes aquí todavía disfrutan encontrándose y hablando. Es el ágora de los países civilizados». En similares términos, comprendiendo la ingesta de alcohol pero condenando los malos modales, se expresaba Gabriel Albiac en «*Por favor, no salpiquen*», artículo publicado en *El Mundo* del 14 de febrero de 2002: «Si alguien quisiese de verdad atacar el consumo de alcohol no tendría más que penalizar impositivamente a vinateros y alcoholeros.

A ver qué político tiene, en España, narices para hacer eso. Droga sólo comparable en riesgo a los opiáceos, el alcohol es eje de nuestros rituales sociales. Desde la familia al Estado, no hay ceremonia que el alcohol no medie. Es también un negocio excepcional. España (toda Europa) ha sido alcohólica siempre. Olvidémonos, pues, de jeremiadas mentirosas.

Queda lo otro. Pincharse jaco, meterse coca o trasegar calimocho son obvios entretenimientos privados. Pues, en privado. O en locales de insonorización e higiene rigurosamente controladas. Lo intolerable no es destrozar el cuerpo propio: eso es un derecho básico. Lo intolerable es maltratar la calle y el tímpano ajenos. Métanse lo que quieran. Pero, por favor, no salpiquen».

Particularmente celebrado por los chicos del botellón, pues figura como lectura recomendada en la página web de la Toma del 2 de Mayo, fue el artículo de Juan José Millás para *El País* (17 de febrero de 2002) titulado «*Alternativas mortales*»: «Parece que el Gobierno ha tomado como modelo a Estados Unidos a la hora de planificar soluciones para combatir el botellón. Está muy bien, porque el presidente de aquel país es un ex alcohólico presuntamente rehabilitado (aunque no ha sido capaz de recuperar una sola de las neuronas que se dejó en el camino de Damasco), cuya hija tiene problemas con el alcohol y cuya sobrina ha sido detenida recientemente por beber y vomitar en la vía pública con la naturalidad con la que su tío lanza misiles sobre el Tercer Mundo. Quiere decirse que en EE UU tienen una experiencia antialcohólica que sin duda nos será de gran utilidad. Uno, que es aficionado a la literatura y al cine de aquel país, ya ha visto cómo funcionan allí las prohibiciones antialcohólicas que pretenden implantar aquí. Hace tiempo, me tocó acompañar a un novelista norteamericano de viaje por Madrid. El hombre era completamente alcohólico e iba todo el día con una bolsa de papel en cuyo interior guardaba una botella de vodka que se bebía a sorbos sin sacarla de la bolsa. Ustedes habrán visto esa imagen en las películas.

—Es que nuestro cine es muy realista— me explicó el autor alcohólico ofreciéndome un sorbo.

No lo acepté, porque detesto la bebida, pero nos extendimos sobre el asunto y me explicó con todo detalle cómo las prohibiciones antialcohólicas han funcionado siempre en EE UU, desde la célebre Ley Seca, en la dirección contraria a la pretendida.

—Pasa lo mismo con las drogas ilegales— dijo—, cuanto más se persiguen, más se forran los traficantes».

LA EXPERIENCIA DEL POETA:
REFLEXIONES DE LUIS ANTONIO DE VILLENA

Uno de los columnistas que más ha escrito acerca del botellón ha sido Luis Antonio de Villena. Mucho antes de que este fenómeno se convirtiera en un lugar común de la prensa diaria, el escritor y poeta se interesó por esta tendencia juvenil, llegando a visitar los lugares clave del botellón para sacar impresiones de primera mano. En uno de sus recientes artículos para *El Mundo* (14 de febrero de 2002) titulado «*Juventud, alcohol y noche*», decía lo siguiente: «Prohibir el alcohol es estúpido. Se trata de aconsejar moderación, de dejar que hablen padres e hijos y evitar la moralina. Aquí también tenía razón el pesimista Hobbes: «El territorio de la libertad es el silencio de la ley». ¿Por qué regular con ley –para fomentar la inevitable transgresión– lo que debe regular una civilizada costumbre?»

Para aprovechar sus largas reflexiones sobre la cuestión decidimos acercarnos al propio Villena.

PREGUNTA: Tengo entendido que usted fue una de las primeras personas que escribió sobre el botellón, mucho antes de que los medios de comunicación le prestaran atención. ¿Qué es lo que le llevó a ello?

RESPUESTA: Verlo. Yo iba mucho a cenar a la cafetería Riofrío, en la plaza de Colón, y al salir, sobre todo los viernes, hace tres o cuatro años, empecé a ver que en la plaza de París, que está frente al Tribunal Supremo –que es una de las cosas curiosas de todo esto–, había reuniones de chicos que compraban bolsas con refrescos y bebidas, y se juntaban. Me parecía curioso ese fenómeno de reunirse a beber juntos con bolsas en la calle, pero al principio era una cosa minoritaria. Poco a poco comprobé que eso iba creciendo y llegó un momento en que aquella plaza, que es muy grande, era un auténtico hervidero. En esa época escribía una columna en la sección de Madrid de *El Mundo* que se llamaba *Los secretos del Buho*. Creo que la primera columna sobre el botellón, que entonces no tenía ni nombre, la hice sobre el 98. Contaba al lector lo que había visto allí y en otros sitios, como Alonso Martínez. Era un fenómeno extraño: multitud de chicos y chicas jóvenes bebiendo juntos, con esas bolsas que compraban en los supermercados, y que luego todo quedaba horrible porque aquello era un basurero. Tuve la sensación de que era algo raro. Me preguntaba si cuando yo tenía veinte años nos hubiera gustado ir a beber todos juntos a una plaza. No, porque no había el sentido gregario que parece que hay ahora. A partir de ahí empecé a escribir. Pensaba que ahí tenía que ocurrir algo, que eso no era una moda. Cuando el fenómeno estaba muy en auge, pero nadie decía nada, porque la reacción mediática ha sido muy tardía, se me ocurrió meterme un poco por allí y preguntarles a los chicos. Daba la casualidad de que conocía a uno y empezamos a hablar. Estuve yendo por allí durante dos o tres fines de semana. Sería el año 99. Casi todos coincidían en que hacían el botellón por una cuestión económica. Eso era unánime. Luego había dos variables. Estaban los que decían que, además de la cuestión económica, era la mejor manera que tenían de hablar porque en los bares y las discotecas había mucho ruido y no se podía. Como en la plaza no había ruido, más que el que hicieran todos juntos, allí hablaban. Esto me llamó mucho la atención y me pareció un elemento muy positivo porque implicaba un deseo de comunicación que no me esperaba. Luego había otros que me decían que allí no había casi alcohol, que eran refrescos. Eso ya no me lo creí. Lo que había no sólo era alcohol, sino alcohol muy malo, porque incluso vi unas marcas que no había visto nunca que eran como marcas falsas imitando las verdaderas. Debe ser garrafón durísimo.

PREGUNTA: ¿Ha observado cambios en el botellón con el paso del tiempo?

RESPUESTA: He ido siguiendo el fenómeno y he visto cómo ha ido creciendo. Había un fenómeno de apandillamiento, formaban pandillas muy numerosas que cuando bebían formaban gresca. Cuando ya llevaban un tiempo bebiendo y estaban muy cargados era fácil que se pegasen con los de al lado. He escrito mucho sobre esto preguntándome las causas y diciendo que las noticias que aparecían en la prensa sólo daban una información superficial, que evidentemente era verdadera, pero que a nadie se le ocurría pensar por qué sucedía eso. Ahí había algo especial para que a los jóvenes les gustase la masificación, que es una cosa que normalmente debería repeler, sobre todo llevado a ese extremo. Parece que sólo se pueden divertir en pandilla muy numerosa unida a otras pandillas. Y luego eso tan antiguo de que había que beber y después pegarse. Todo esto no sólo no era moderno, sino muy antiguo y muy bruto. Esto indicaba que ciertos ambientes juveniles estaban viviendo, como toda la sociedad, un momento enormemente regresivo. Se habían hecho gregarios, violentos sin motivo, como en un pueblo del *far west*. En los artículos yo me preguntaba el por qué de esto y daba razones de tipo sociológico.

PREGUNTA: ¿Y qué decía?

RESPUESTA: Creo que en el fondo lo que hay es una gran insatisfacción. Se trata de un mundo de jóvenes profundamente insatisfechos con la sociedad en la que viven, lo que no quiere decir que todos lo sepan, de hecho los más concienciados no van al botellón. Muchos de los chicos me decían que eso era una cosa de muy al principio, que lo hacían a los 18 ó 19 años, y que después ya no. Eso no lo veo tan claro, porque me pareció ver a gente mayor. La mayoría no es consciente de su propia insatisfacción, y eso es muy triste. Ése es uno de los fenómenos más generales de la sociedad actual: la gente cree que vive bien comparado con Angola o Mozambique, pero al mismo tiempo encuentra el mundo en el que vive lleno de carencias. Y, sobre todo los jóvenes, no tienen ninguna sensación de futuro. Hay que recordar a la famosa generación X que se puso de moda en un momento dado, que aunque el término se haya perdido, los síntomas no, siguen siendo los mismos. Sigue habiendo esa sensación de desencanto. Piensan que no tienen futuro o que van a caer en esa mecánica burguesa de pagar a plazos el piso. Hay algo en ellos, incluso a nivel inconsciente, que les lleva a rechazar todo esto. Están rechazando integrarse y procuran alargar el momento de integrarse en una sociedad que les parece muy gris y muy tristona.

PREGUNTA: ¿Alargan su situación de dependientes o están obligados a ello?

RESPUESTA: Se unen las dos situaciones, no son excluyentes. No se quieren integrar porque saben que eso les va a cortar las alas y que una vez que se integren ya todo va a ser caspa, y al mismo tiempo ven que tampoco se pueden integrar en muchas ocasiones: acaban los estudios y no tienen trabajo. El paro o el mal empleo juvenil es muy alto.

PREGUNTA: ¿Por qué no hay ningún movimiento cultural, ideológico o artístico asociado al botellón?

RESPUESTA: Porque no es una rebelión consciente. Tienen un malestar. Hasta ahora no se revelaban: hacían el botellón, que era fruto del malestar. Se van a rebelar ahora, cuando les prohíben el botellón. Las autoridades han hecho durante años como que no veían el botellón, a pesar de que era obvio. Yo llegué a decírselo al Alcalde en una comida: «Se podría sacar una foto graciosa, por el significado que un periodista malvado podría imprimirle, con un chico de estos meándose en las tapias del Tribunal Supremo». Llegaron a poner en ese tribunal una barrera para que los chicos no llegaran a las puertas. Durante mucho tiempo el gobierno municipal del PP en Madrid ha hecho como si no existiera nada, y en muy poco tiempo han pasado de eso a prohibirlo todo, cosa muy típica de la derecha. Luego dicen que no son de derechas: eso es ser de derechas, primero hacer como si nada y luego prohibirlo todo antes de ver qué razones hay para que las cosas se produzcan, antes de cualquier análisis. Esa prohibición quizá haga a los chicos buscar la rebelión y la ilegalidad. De repente se van a encontrar como en nuestra generación, con la idea de que uno tenía que vivir una cierta ilegalidad porque la legalidad no era posible por puritana y castrante. Es posible que ahora se pase del malestar a la rebelión ante un poder que finalmente les ha mostrado la cara.

Ahora van a empezar a saber qué es lo que no les gusta de la sociedad; y lo primero, porque siempre ha sido así, es la represión inmoderada, sin ningún tipo de análisis.

PREGUNTA: ¿Qué papel han jugado en todo esto los medios?

RESPUESTA: Lo han llevado muy mal. Si quitas las columnas de opinión, la mayoría de los medios pretenden dar esa información supuestamente desideologizada que no existe. Aparentemente se han limitado a contar lo que había, pero en seguida salen los titulares de menores bebiendo en la calle. Y ya entramos en ese lío gordo de los menores. No hablamos de los que tienen nueve años porque está muy claro, pero a los 16 ó 17 años tienen un cacao metal enorme porque, para muchas cosas, no son menores. Son menores cuando le conviene al poder, y cuando no conviene no lo son. Las noticias funcionan así. Si un chico de 16 da un tirón a una viejecita, el titular será: «Un joven de 16 años roba a una anciana»; pero si es una señora la que se tira al mismo chaval el titular es otro: «Una mujer viola a un niño de 16 años». Con la misma edad tienen dos denominaciones, según sean agredidos o agresores. Es lo mismo con el alcohol. Tienen la cara dura de presentar que los menores beban alcohol como un fenómeno nuevo. Yo bebía alcohol a los quince años normalmente, sin ningún problema. Dejé de beber porque me emborraché y fue una experiencia muy mala. Creo, además, que en casa me dejaron que me emborrachara a posta para que tuviera la experiencia. Me pareció horroroso. He tenido un enorme cuidado con el alcohol a partir de aquella vez. Entonces no había ningún problema con el alcohol. No se provocaba gran escándalo porque las familias sabían que los adolescentes tienen una serie de ritos de paso y que hay una serie de cosas que hay que aprender en la vida: hay una experiencia de sexo, de religión, de conocimiento de tu propio cuerpo... En eso la sociedad de antes parecía mucho más abierta que ahora, cosa increíble porque era durante el franquismo. El poder era más retrógrado que ahora, pero la sociedad no. Ahora las familias están muy influenciadas por el poder enormemente puritano del pensamiento único. Hemos hecho muchos chistes sobre el pensamiento único, como si fuera una especie de capricho que se le ocurrió a alguien. No es así. El pensamiento único es una cosa que funciona perfectamente y que elimina toda diferencia con la excusa de que hay algo que está bien y algo que está mal. No admite discusiones: eres bueno o eres malo. Ahí están esas ridiculeces que dice Bush sobre el «eje del mal». Si hace treinta años Nixon hubiese dicho que Vietnam era el «eje del mal», en los propios Estados Unidos hubiera habido unas reacciones enormes de protesta en la calle contra su propio gobierno, porque les habría dado vergüenza tener un presidente como ese. Que un presidente se arrogue la capacidad de diferenciar entre el bien y el mal es una estupidez; todavía que lo diga el Papa va en su oficio. Vivimos en una sociedad anestesiada que ha perdido la capacidad de crítica al perder el antiguo referente de la izquierda. No hay referentes distintos al del pensamiento único. Las diferencias entre los partidos de izquierda y derecha se amortiguan, desdichadamente, y todo esto, que sobrepasa el tema del botellón, hace que éste no sea sino un síntoma más de las muestras que la sociedad está dando de desacuerdo con el pensamiento único, con la idea de que todo está perfecto, con la frase de Aznar de que «España va bien». El botellón refleja un malestar que puede llegar a convertirse en protesta en el momento en que lo prohíban expresamente.

PREGUNTA: ¿Ese malestar puede venir producido por haber interiorizado el sentimiento de que «no hay más cera que la que arde»?

RESPUESTA: Eso produce gran desaliento. Esa sensación produce dos sentimientos. Si esto es así, y no es precisamente emocionante lo que hay, voy a ver si demoro entrar en ello porque no me ilusiona. El otro es el del que ve que ni siquiera puede entrar. Se mezclan las dos cosas. Además, el pensamiento alternativo que debería ser la izquierda ha quedado descabezado. No han sabido hacer una rápida autocrítica de sus errores. El siguiente paso al botellón serían los movimientos antiglobalización. Muchos de los que pasan a tener una cierta conciencia de que el mundo va mal se meten en esos movimientos que son un caos: unos medio cristianos, otros son anarquistas, unos quieren que se prohíba la pesca de las ballenas y otros están contra los alimentos transgénicos. De todas maneras, es de suponer que estos movimientos marginales se aglutinen en algún momento, porque son la base de la gente que está descontenta con el mundo actual y que no sólo tiene un cierto malestar, sino que sabe por qué lo tiene. Son grupos que tienen una respuesta de oposición al sistema y creo que esa es la línea.

LAS PREGUNTAS DEL SABIO:
EDUARDO HARO TECGLEN

A diferencia de Luis Antonio de Villena, Eduardo Haro Tecglen, una de las firmas más prestigiosas de nuestro periodismo, apenas ha dedicado espacio en sus columnas al botellón. Pese a todo traemos a colación su columna diaria de *El País* (12 de febrero de 2002) titulada «*Borrachos y suspensos*», donde hacía referencia a los debates sobre las nuevas medidas educativas del Gobierno y el escaso nivel académico de los estudiantes españoles, comentando el caso de un desliz ortográfico: «La «h» mal puesta en Sevilla produce cataratas de comentarios, chistes y titulares durante varios días, y alternan con las condenas al botellón –palabra que también apareció en Sevilla, sustituyendo a las madrileñas anticuadas de marcha y movida– de forma que se haga un retrato «subliminal» de la juventud española: no pone haches, se emborracha los fines de semana y fracasa en los estudios. No les conviene relacionarla con otra estadística en la que acompañamos a Grecia e Irlanda: los países que menos dinero dedican a la enseñanza pública».

Para aprovechar la larga sabiduría de Haro Tecglen y sus dos sentidos más desarrollados, el común y el del humor, le pedimos opinión acerca del botellón y sus repercusiones mediáticas. Como era de prever, obtuvimos más respuestas en forma de pregunta que respuestas a nuestra preguntas. Cosas de los sabios.

PREGUNTA: ¿Por qué la prensa se ha hecho tanto eco de un fenómeno de segunda categoría, como es el botellón?

RESPUESTA: Siempre asusta lo que está más cerca: un crimen en tu barrio tiene más importancia que mil muertos en Calcuta. La prensa está jugando un poco con esto coincidiendo con la ley universitaria, con las manifestaciones, con el paro juvenil, una serie de cosas que van a una demonización de los jóvenes. En provincias, en ciudades pequeñas, la prensa es realmente sensacionalista con estos botellones. Fui a dar una conferencia en Sevilla, al Instituto de la Juventud, que versaba un poco sobre este tema, y se quedaron muy disgustados conmigo porque no dije que me parecía demoníaco, sino que me parecía que las ciudades están llenas de ruidos. El tráfico nocturno, en los veranos de las ventanas abiertas, es insoportable. Y las sirenas de las ambulancias, las motos con el tubo de escape cortado o los barrios cercanos a los aeropuertos, y no se prohíben los aviones. Eso no gustaba en el Instituto de la Juventud. Pero a los chicos sí que parecía que les interesaba.

PREGUNTA: ¿Es sesgada la información que se ofrece en la prensa acerca del botellón?

RESPUESTA: Hay un problema de lenguaje en la manera de utilizar las palabras para impresionar a la gente. Se ha hecho un congreso sobre el botellón, pero en realidad es contra el botellón, como se hacen o se dicen cosas contra las drogas, contra Irak o contra el pobre de Arafat, que anda por allí perdido. No creo que los medios ofrezcan una imagen determinada porque exista una consigna. Cada vez creo menos en las consigas y más en la estupidez, en lo fácil. Es como con lo de Bin Laden: ha sido él, no hay más que verlo. Pues con esto pasa lo mismo. Es antisocial decir que los vecinos se aguanten un día a la semana. Eso quita electores y votos. Además, uno mismo lo ve así: el silencio es una virtud, la calle en silencio, la ciudad muerta. Es como en esas ciudades entre Bélgica y Holanda, Gante, Bruselas, Brujas... Sales por la noche y no hay más que viento, planicie, silencio, oscuridad. Eso es lo que a nosotros, latinos, nos parece que es la civilización. En París mismo hay barrios en los que la noche es sagrada, y empieza a las ocho o a las siete. Lo que veo es el miedo burgués. Voy andando mucho a los teatros de la zona. Suelo cruzar la plaza de Barceló a una hora en la que está rebosante. A mí me da igual, yo paso, pero las personas que vienen conmigo dicen que no, que les puede pasar de todo. No se sabe de episodios de violencia, aparte de los navajazos en las puertas de las discotecas. En las calles no hay esos sucesos. Pasas por ahí y nadie te dice: «Viejo ridículo».

Pero hay un miedo. Creo que además del ruido y la suciedad, los vecinos tienen miedo. Es un miedo que lo creamos con lo que decimos. ¿Qué se lee en los periódicos sobre esto? Creo que hay un miedo al joven, miedo a que te quite el puesto, pero eso es otra historia. ¿A qué hay miedo? Estos jóvenes no tienen una dirección. ¿Es miedo a que haya personas con esa forma de libertad, de salir y entrar de la casa, de ir y venir, de estar donde quieran? Puede que sea una envidia, yo la puedo sentir, pero no me induce al odio. Es posible que vayan contra su educación. Es el miedo al desorden, a la suciedad. Es una fobia conocida: la suciedad, en sí, es fea. ¿Por qué hemos decidido que es fea? Es ese miedo a la suciedad, que es muy de ama de casa, que descarga su agresividad dándole con el zorro a los muebles. Hay toda una mentalidad trabajada durante años en ese sentido, son cuarenta años de orden mental, militar, de formación, de filas, de Sección Femenina, de Frente de Juventudes, de que todo tiene un sentido, el Imperio va hacia Dios y el hombre lleva valores eternos, entonces, claro, te tiene que chocar el desorden. Son dos fenómenos. Uno es por qué se rechaza y otro es por qué se hace. ¿Se hace porque se rechaza? Se habla de la pornografía en Internet, que es el mayor negocio de la red, pero la hay en los kioskos y en todas partes, en la calle. Es así desde Apuleyo, bueno, desde antes de que naciera Apuleyo. ¿Por qué ahora la alarma? «Porque los niños la pueden ver». Es una excusa que prende más en la gente. Uno puede ser muy abierto y muy liberal, pero si te hablan de tu hija de catorce años dices: «Cuidado con esto».

PREGUNTA: Hablando de niños, desde las instituciones se insiste en que es un problema agudo y novedoso que los menores beban. ¿Qué opina al respecto?

RESPUESTA: Cuando yo tenía trece o quince años, por este barrio de Chamberí, que siempre he vivido en el mismo entorno, pedías un vermú de grifo, que costaba 15 céntimos, y te lo daban. Nadie decía que si eras menor. Fumabas un cigarrillo y nadie te decía «te vas a perder para toda tu vida». En este país siempre se ha empezado a beber siendo menor de edad, aunque menos que en otros: Francia, Alemania, Suecia. Se entiende por alcohólico el que pasa de la media de bebida «normal», y en España se dice que hay cuatro millones de alcohólicos sobre una población de cuarenta: un diez por ciento. En Francia a los niños les dan miga de pan mezclada con vino tinto para destetarles. Eso les adormece, claro, les deja en el éxtasis.

PREGUNTA: ¿Cómo valora las iniciativas institucionales ante el botellón: leyes, prohibiciones, etc.?

RESPUESTA: Sucede que esto está coincidiendo con un gobierno autoritario, impregnado del viejo fascismo, que ha estudiado en sus escuelas, en sus frentes de juventudes, y tienen ese sentido de la autoridad, de que «la calle es mía». Es un gobierno que va a por todo, que está entrando en todo, que está absorbiendo toda la justicia, y esto es una parte de ese todo. Y además es una acción que tiene a la opinión a favor, porque todo lo que se refiera a gente joven horroriza a una opinión pública que ahora está formada por gente mayor. Ahora las capas de edades de la población son más altas que nunca. También odian a los viejos, pero son más cómodos, porque el viejo, después de todo, se sienta en un banco a contar sus euros, a ver si se aprende las monedas, y nada más. Los jóvenes son otra cosa. Se habla de las drogas de los jóvenes, pero de la cocaína de los ejecutivos no se suele hablar tanto. ¿Quién consume más, quién consume menos? No lo sé.

PREGUNTA: ¿Por qué cree que beben los chavales?

RESPUESTA: ¿Qué encuentran los chicos en el botellón? ¿Es sólo el alcohol, o el alcohol es menos de lo que se dice? El que beben es más barato, puede sentar peor porque es ginebra de grifo, pero no es más. ¿Por qué se pasan la noche andando o sentados en una plaza? ¿Por qué íbamos nosotros a los cafés? Por la misma razón, porque encontrabas gentes parecidas a ti, con los mismos problemas que tú. ¿Dónde los vas a encontrar si no? Su actitud es reafirmarse su personalidad y su libertad propia frente a una vieja represión. Las soluciones que proponen estos del congreso, médicos o maestros o lo que sean, de crear sitios para que vayan los chavales, va en la misma línea de lo de las manifestaciones, lo que dijo el Alcalde de hacer un «manifiestódromo». Así no ensucian la calle, no se les ve. Si se convierten en invisibles, ya se ha resuelto el problema. El problema es que son visibles, y se está viendo que hay una gente muy joven que no está de acuerdo con este sistema, no hablo de la política que es una parte del sistema. No están de acuerdo con este tipo de dominio burgués. Si no se les ve, y los manifestantes del sindicato del metal se van a la Pradera de San Isidro, no hay problema, y ellos tienen el derecho constitucional de expresarse. No sé dónde he leído la idea de habilitar grandes hangares para que hagan deporte. No se substituye una cosa con la otra. Lo que me extraña un poco es que la parte sexual no es tan evidente en estos botellones, se soslaya. Los chicos no saben, o no les interesa, decir qué es lo que les pasa. No quieren hacer más que estar, simplemente estar entre sí. Lo que sé es que esto forma parte de un movimiento de liberación, una liberación del padre de familia o de la autoridad ahora mismo, de esos guardias que se ponen allí, en la plaza del Dos de Mayo. Los chicos van a otro sitio. Hace unas semanas salí y vi chicos reunidos en la calle Juan Bravo, donde hay una estatua diminuta y grotesca de Velázquez, donde no había guardias. ¿Van los guardias a Vallecas? No se atreven.

PREGUNTA: ¿Todavía hay chicos que se tengan que liberar de sus familias?

RESPUESTA: Ha desaparecido la figura del padre de familia, del padre represor que restringe. Ya no se lleva. Esa libertad es nueva. Antes no sólo era Franco, también estaba la familia, la casa. El niño tenía que venir antes de que se cerrara el portal, no digamos ya la niña. Una cosa que ha desaparecido de Madrid son los novios de los portales, juntitos hablando. Eso me intrigaba mucho de niño: ¿de qué estarán hablando?, yo no voy a saber qué es lo que hay que decir en estos casos, pensaba. Ya no hay hora de cerrar los portales, cierran cuando quieren. Ha desaparecido esa exigencia de la familia de preguntar ¿dónde has estado?, ¿con quién has estado?, sobre todo a las chicas. Ya no se pasan esas claves de «oye, di que he estado en tu casa», porque se seguía la pista. Eso ha estado muy unido al problema sexual, a la vigilancia de los padres sobre la virginidad de las hijas, que era algo importante. Al desaparecer eso, aparecen unas libertades nuevas. Los padres ahora dan risa.

PREGUNTA: En muchos medios de comunicación se lee o se escucha el término «cultura del botellón». ¿Cree que se está generando algún tipo de movimiento cultural o artístico a partir de este fenómeno?

RESPUESTA: Lo que se llamaba «la movida» tenía un sentido, las reuniones tenían una fuerza intelectual, allí iban Paco Nieva, Villena, mi hijo, gentes que iban a expresar una rebeldía. No veo ahora que esa rebeldía esté presente. La rebeldía frente a una burguesía estable, frente a unas prohibiciones, frente a una falta de futuro... Eso es lo que buscaban los otros. ¿Los de ahora van a eso? No, van para estar entre sí. Lo que suelo ver de estos chicos son los restos que dejan. Los sábados salgo muy temprano para ir a la radio, recorro andando toda la calle de Fuencarral, pasando por Barceló, y entonces ya no quedan más que los residuos en el suelo y los barrenderos, a montones: menos mal que se han creado puestos de trabajo gracias a esto. Veo más lo que no hay. Antes que estaba el tema intelectual de aquella generación de la movida, de los poetas, de la familia Panero y todos estos, que se salvan de milagro. Luego estuvo el fenómeno del punk y del rock, que justificaba. Todos querían tener sus grupos, todos tocaban algo, todos iban a los locales de ensayo. Ahora no. Sigue habiendo un movimiento musical, pero no es lo mismo, no están juntos, no se reúnen. Si no se junta el tema sexual, que era el que nos preocupaba a nosotros en nuestro tiempo, si no es el fenómeno del rock o de la creación de una música rebelde, si no hay poesía ni novela ni ambiente intelectual, ¿es sólo el hecho de estar juntos?, ¿un gregarismo frente a todo lo demás?, ¿no es más que un guateque inmenso, sin nada más? No son ni como los okupas, que son gente muy seria: tienen unas doctrinas, unas creencias, hacen laboratorios de enseñanza, son positivos a su manera.

PREGUNTA: ¿Aporta alguna novedad el botellón?

RESPUESTA: La acumulación. Y la no distinción de clases. Antes el joven obrero o trabajador no se sumaba a estas manifestaciones. Si bebía es otra cosa, pero no se podía sumar porque eso era cosa de los estudiantes, eran una cierta clase. Y donde más pasa esto es entre los universitarios.

PREGUNTA: También es un lugar común en la prensa decir que España tiene una cultura del alcohol. ¿Cree que se sabe beber en este país?

RESPUESTA: Yo no bebo apenas, tomo algún whisky cuando salgo, pero bebo muy poco. Lo que me asombra es la capacidad que tienen los demás para beber. Beben como cosacos. La gente de mi edad, entre los sesenta y los setenta y tantos, beben mucho. Las mujeres beben como demonios. En el Corte Inglés hay que subir al bar para ver lo que hay allí. Te quedas asombrado con las amas de casa. Van a la compra, con sus bolsas, y están en la barra del bar tomando su pinchito y bebiendo sus vermús. Son esas que llegan a casa y dicen: «Hoy no puedo comer nada». Es un fenómeno social de cierto interés. Es un fenómeno también de solidaridad y comunicación. Y de salvación de su medio, que es la familia. Es como un lugar secreto, están entre ellas y así no se avergüenzan de nada, nadie las mira y dice: «Fíjate esa señora, lleva tres copas».

PREGUNTA: ¿Se acabará el botellón?

RESPUESTA: Esto del botellón tendrá un fin, claro, lo que no se sabe es en qué se transformará. Los guardias no van a estar toda la vida patrullando las plazas. Además, lo de los guardias es muy discutible, como lo de la prohibición de beber en la calle. Eso no sucede en ningún país excepto en EE.UU. La prohibición del alcohol produjo tal reacción en EE.UU. que aún no se ha acabado. Los gángsteres siguen estando en la Casa Blanca. Cuando compran alcohol, todavía lo esconden en la bolsa de papel de estraza, que se sabe que es una botella, pero está tapada. Es el tema de que no se vea: lo que no se ve no existe, no está, no daña.

PRENSA GRÁFICA Y BOTELLÓN

La prensa gráfica también le ha prestado atención al botellón, como no podía ser de otra manera. Escudriñando entre lo publicado sobre este tema resulta sintomático que los comentarios en imágenes sobre el botellón hayan sido con frecuencia más sensatos y certeros que los que se han expresado por escrito. Esos auténticos ases de la síntesis que son los humoristas gráficos de los periódicos se ven en el brete de tener que hacer todo un editorial sobre la escueta base de una ilustración con un texto breve. Que con esos escasos mimbres consigan definir adecuadamente una situación es algo que no deja de producir asombro. Como muestra de la visión de algunos de los más reputados profesionales del género hemos escogido estos de Ricardo y Nacho (*El Mundo,* 13 de febrero de 2002).

Tras recibir con alegría las medidas contra el "botellón", los padres de uno de esos jóvenes que se emborrachaban con sus amigos en la calle, replanteándose su entusiasmo.

El mundo del cómic, particularmente cercano a los jóvenes, ha dado algunas de las visiones más inesperadas del fenómeno del botellón. El número 1.292 de la revista *El Jueves*, publicado el 27 de febrero de 2002, dedicaba portada, editorial y una amplia selección de historietas al tema. De entre ellas destacamos la de Mauro, autor especialmente interesado en las complejidades del devenir juvenil y en los absurdos de la vida cotidiana. No tiene desperdicio.

En el territorio de los fancines, más cercano aún al entorno vital de las huestes del botellón, también encontramos algunas perlas cultivadas, como estas portadas de las revistas *TMEO*.

6

Juventud, divino tesoro: en busca de la generación botellón

Tanto hablar de los jóvenes, pero... ¿de qué jóvenes hablamos? Las generalizaciones siempre conducen a mentiras tan peligrosas como manejables, y decir que los jóvenes de la España de hoy en día son así o asá sería una soberana tontería, fuera cual fuese el dictamen. No es que estemos diciendo que sea imposible hacer un perfil de la juventud actual –ni, más concretamente, de la que se encuentra en los botellones patrios–, pero creemos que cualquier cosa que se afirme al respecto, tanto aquí como en cualquier otro lugar, hay que examinarla con las debidas precauciones. Unas generosas dosis de escepticismo y desconfianza siempre hacen buena combinación con axiomas de cualquier graduación científica.

Las preguntas que hay que plantearse, sin embargo, ofrecen menos factor de riesgo. Lo más obvio sería empezar cuestionándonos ¿quienes y cómo son esos jóvenes?, ya que lo único que sabemos a ciencia cierta es a qué dedican el tiempo libre. Mejor aún sería, si queremos ahondar en los orígenes del botellón, preguntarse ¿qué tipo de jóvenes genera la sociedad en que vivimos? Y para responder a todo esto no hay más remedio que enlazar con otras cuestiones como ¿cuáles son los modelos sociales de juventud aceptados, cuáles los rechazados y cuáles los que realmente existen? Hay tarea por delante.

CHICOS BUENOS Y CHICOS MALOS

Ya es casi un clásico de nuestro talante ibérico esos iracundos vecinos de los barrios asolados por el botellón que expulsan sapos y culebras por la boca cuando tienen que hablar de la juventud «que nos ha tocado». Toda la rancia ristra de prejuicios con que los españoles juzgábamos a los indios americanos en tiempos de Felipe II parece haberse vuelto contra nuestros propios hijos: «Son, por naturaleza, holgazanes, flojos y dados al ocio y al vicio» (Xuárez). Todo esto, claro, no son más que exageraciones y ganas de definir el todo por las partes, fundamentalmente por las partes menos presentables. Los chicos de ahora mismo no son mala gente en absoluto. Tienen sus ideales y sus empanadas mentales, como los jóvenes de todas las épocas, pero hay que estar tranquilos: la raza no ha degenerado. La juventud española del siglo XXI está tan dotada intelectualmente como la de cualquier otra época, no se ha producido ninguna mutación genética que la haya convertido en una partida de holgazanes o juerguistas. Sus comportamientos habrá que enjuiciarlos siempre en el marco histórico y social en que se producen; y también conviene tener por seguro que cualquier miembro de otra quinta que, por algún sortilegio mágico, recuperase la juventud y la tuviera que vivir en los tiempos actuales, se comportaría como la media de los chicos de ahora. Los seres humanos somos así de homogéneos, aunque algunas corrientes de opinión –muy peligrosas, por cierto– nos quieran convencer de lo contrario.

Si nos fijamos con atención en la vida diaria de los estudiantes de ahora mismo, sobre todo la de los menores de edad, veremos que desarrollan más tareas que en anteriores generaciones, porque los nuevos planes de estudio los tienen sometidos a un férreo marcaje de trabajos dentro y fuera de las aulas. Otra cosa muy distinta es la manera de ocupar el tiempo de ocio. En el *Informe sobre la Juventud Española,* realizado por la Fundación Santamaría en 1999 entre jóvenes de 15 a 24 años se encuentran datos que pueden ser pertinentes para la construcción de un retrato robot de los chicos de hoy día.

✓ El 53,2% de los jóvenes entre 15 y 17 años salen de noche el fin de semana. La cifra aumenta hasta 71,8% en las edades comprendidas entre los 18 y 20 años.

✓ El 19,8% de los que salen de marcha en fin de semana vuelven a sus casas entre las tres y las cuatro de la madrugada; el 32,6% lo hacen después de las cuatro y el 11% no vuelve hasta la mañana siguiente.

✓ El 92,5% de los jóvenes vive con sus padres, y el 74% depende del dinero que estos les dan. La media de dinero de que disponen es de 102 euros al mes.

✓ Un 57,2% de los entrevistados se muestra dispuesto a colaborar con una ONG, pero sólo un 9% lo hace.

✓ El 46% de los encuestados aceptan estas tres palabras para definirse: rebeldes, independientes y consumistas.

Los resultados de las encuestas son agridulces: responden a algunas preguntas, pero plantean otras. ¿Cómo se puede ser un rebelde en la sociedad de mercado y, a la vez, considerarse consumista? ¿Cómo sólo un 9% colabora en una ONG si un 57,2% dice que lo haría gustosamente? No contentos con el perfil juvenil que se nos presenta en las grandes encuestas, hemos realizado una propia. Hablando con los chicos que frecuentan los botellones del centro de Madrid –una muestra de 85 individuos entre los 14 y los 26 años realizada en abril de 2002– hemos obtenido estos resultados:

ASÍ ES SU MUNDO:

- ✓ El 94,1% vive con sus padres.
- ✓ El 31,7% tiene pareja fija.
- ✓ El 49% de su presupuesto económico va destinado al ocio.
- ✓ El 63,5% dice trabajar o haber trabajado alguna vez.

SOBRE LAS BEBIDAS:

- ✓ El 29,4% prefiere los combinados.
- ✓ El 98,8% toma bebidas alcohólicas.
- ✓ El 21,1% prefiere la cerveza.
- ✓ El 20% prefiere el calimocho.
- ✓ El 82,3% practica el botellón.
- ✓ El 56,4% practica el botellón todos los fines de semana.

SOBRE EL TABACO Y OTRAS DROGAS:

- ✓ El 24,7% se declara fumador.
- ✓ El 62,3% dice fumar cannabis.
- ✓ El 14,1% dice no tomar ningún tipo de droga ilegal.

SOBRE LAS MEDIDAS ANTI-BOTELLÓN:

- ✓ El 34,1% considera que no sirven para nada.
- ✓ El 24,7% las considera injustas.
- ✓ El 18,8% las considera justas.

SOBRE HÁBITOS CULTURALES Y DE OCIO:

- ✓ La media de discos que compran al año es de 23,5.
- ✓ La media de libros que leen al año es de 13,7.

✓ La media de horas que pasan viendo la tele es de 2,1 al día.

✓ Programas de televisión favoritos:

- Los Simpson 29,8%.
- Crónicas Marcianas 14,2%.
- Gran Hermano 14,2%.

✓ El 75,2% dice preocuparse por su imagen.

✓ El 64,7% no se preocupa por ir a la moda.

✓ El 32,9% lleva un *piercing.*

SOBRE LA POLÍTICA:

✓ El 50,5% dice interesarse por la política, frente a un 47% al que no le interesa.

✓ El 69,4% votaría en unas elecciones.

✓ El 65,8% participaría en alguna ONG

✓ Partido político al que votaría:

- El 38,9% ninguno.
- El 11,6% Verdes.
- El 11,6% votaría IU.
- El 10,3% votaría PP.
- El 9% votaría PSOE.
- El 6,4% votaría a la izquierda, sin definir partido.
- El 12,9% no sabe o no contesta.

PROBLEMAS SOCIALES QUE MÁS PREOCUPAN:

✓ Al 22% la inmigración.

✓ Al 22% el terrorismo.

✓ Al 19,4% la educación.

✓ Al 11,6% el paro.

✓ Al 7,7% la globalización.

Pese a que hemos realizado este humilde estudio con el mayor cuidado y cariño posible, recomendamos, como en los otros casos, que sus resultados se entiendan con extremado cuidado y grandes dosis de incredulidad. La verdad es que resulta imposible realizar un retrato fiel de un colectivo tan extenso como los jóvenes de la España actual. Otra manera de acercarse a la personalidad colectiva del joven español es definir los modelos de juventud que se nos proponen constantemente por los medios de difusión y la acción política. Para cualquier observador atento no habrá pasado inadvertida la coincidencia en el tiempo de la crisis del botellón con la eclosión del fenómeno Operación Triunfo. No es que queramos ser tan mal pensados como para considerar que todo estaba preparado así, simplemente ha sucedido. Desde algún partido político se ha querido utilizar el éxito de audiencia del programa en cuestión para hacer gala del tipo de juventud que unos determinados usos políticos ha generado en España. La mezquindad de esta actitud, perfectamente coherente con la manera de hacer política en nuestro país, no entra en contradicción con una realidad de fondo: la juventud representada en programas como Operación Triunfo, Gran Hermano y similares existe realmente, está muy extendida y es, en efecto, producto de las políticas educativas, sociales y culturales desarrolladas en las últimas décadas. ¿Y cómo son? Pues tal como los vemos por la tele: sanotes, semi-analfabetos, deportistas, ambiciosos, horteras, simples, lloricas, impermeables a la cultura, campechanos y algo trepas en su afán de plantar los reales en el olimpo del glamour con caspa. Son, a la postre, concursantes que están dispuestos a aceptar las reglas del juego, esto es, ciudadanos ideales para este modelo de sociedad en el que los gobernantes insisten en que «hay que respetar las reglas del juego democrático», siempre y cuando las reglas las pongan ellos, claro está. Es sintomático a este respecto la pancarta con que fue recibida Rosa de

España por sus fans tras el tostón eurovisivo: «Rosa lo tuyo es la canción, no la política. En España lo sabemos y por eso te queremos». En efecto, así los quiere Dios y la autoridad competente. Ése, y no otro, es el ejemplo ideal que constantemente se nos repite, el de un joven perfectamente integrado en la sociedad, prístinamente apolítico, sin ánimos de contestación de ningún tipo, amable y maleable, un triunfador que cuando recibe el chocolate del loro como premio a sus esfuerzos aulla de alegría y reparte besos por doquier.

Como antítesis de este joven ideal se nos presenta, con muy malas palabras, otro modelo, el del chaval conflictivo. Son los del «fracaso escolar», los hijos de la marginación y la inmigración, los drogadictos y los borrachos, los alborotadores que «en vez de estudiar se meten en política» –creíamos que ya nunca íbamos a volver a oír cosas como ésta, y ya ven–, los que se disfrazan de cosas «raras» (*punks*, *rastas*, *skins*, etc.); incluso los jóvenes píos que antes hubieran sido misioneros y hoy se apuntan a cualquier ONG, ya que inevitablemente acaban participando en esas manifestaciones anti-globalización diseñadas para «hacer daño a la imagen de España». Lo que no está bien visto, por tanto, son los jóvenes que reaccionan como tales, los que llevan a rastras los conflictos generacionales de siempre y los que no están conformes con el mundo en que han de vivir. Lo más curioso de todo es que entre la grey del botellón hallamos chavales de ambos modelos, apocalípticos e integrados. Hay que tener en cuenta que en las aglomeraciones botelloneras lo más frecuente es encontrar hijos de las amplias clases medias, estudiantes de instituto o facultad, chavales que viven en casa de papá y mamá, que no suelen crear grandes conflictos en su entorno inmediato, chicos que tienen inquietudes culturales mínimas, pero las tienen. Las «bestias» del botellón no son más que jóvenes normales. Quien quiera buscar entre ellos desarraigados de cualquier índole, delincuentes o degenerados tiene por delante una labor sacrificada, porque si los hay, serán siempre la excepción.

GENERACIÓN X *VERSUS* GENERACIÓN Y

En 1991, el norteamericano Douglas Coupland publicó su libro *Generación X*, una visión pintoresca de un sector juvenil que dio mucho juego en los Estados Unidos del momento. Aquí, como ya es costumbre, las circunstancias que rodearon a esa generación no se dieron hasta varios años después, y nunca de la misma manera. La generación X de la que tanto se habló tiene algo que ver con la última juventud española, aunque ésta no puede verse enteramente reflejada en aquélla. De todas maneras conviene atender a los rasgos de aquel retrato, aunque más interesante que lo escrito por el propio Coupland nos parece el prólogo que firmó Vicente Verdú para la edición española del libro:

«Los de la generación X tienen que arreglarse con menos. Menos esperanzas, exiguos ingresos, ocupaciones temporales, sin prestigio, sin dignidad, sin futuro, en el sector servicios. Poco futuro. Pero, insólitamente, no se rebelan enfurecidos como los agitados jóvenes de otros tiempos. Sus espíritus han girado hacia la acomodación y sus deseos se funden en otras órbitas. No protestan, no explotan. El fin de las oportunidades laborales, el declive de las opciones consumistas se ha recibido como una fatalidad natural. No produce estallido sino una imposición al modo desconcertante que ilustró hace años la mayoría silenciosa. De manera acorde, al compás de la recesión, sin sublevaciones, esta juventud ha dejado de pugnar por el éxito, la fama y el dinero.

La coyuntura económica gobierna la tendencia pero en su interior ha gestado una cultura. Una nueva cultura del desastre. El "dirty look", el "grunge", las ropas caídas, los aspectos astrosos, el menosprecio del porvenir y la competitividad son parte de sus notas. Complementariamente, el rechazo a los trabajos convencionales induce a la fuga en dirección cero.»

Ahondando en la descripción de esa generación X hemos encontrado un documento de excepcional interés en un tebeo de Daniel Clowes, uno de los autores más brillantes e inteligentes de la escena del cómic independiente norteamericano. En el segundo número de su *comic-book* «Bola Ocho» encontramos una historieta sorprendente. Los personajes protagonistas, curiosamente, no son del propio Clowes, sino de Peter Bagge, otra de las luminarias del nuevo comic norteamericano, creador de la serie *Odio* y persona muy vinculada al nacimiento del «grunge» como fenómeno musical y social. En dicha historieta, titulada *¿A quién quieres tirarte, a Ginger o a Mary Ann?*, se produce un diálogo entre tres personajes: Buddy Bradley, Apestoso y Lisa. Las palabras que Clowes pone en su boca son las siguientes:

«BUDDY: ¿En qué cimientos se basa nuestra cultura de caucasianos urbanos de clase media con edades comprendidas entre los 18 y los 28 años? ¿A qué debemos nuestra estética particular?

»APESTOSO: Es una cultura de contrariedades ideadas... Escuchamos música discordante ejecutada con ineptitud, llevamos ropas feas que nos sientan mal, tememos a los grandes y de nuestros artistas no nos interesan más que los detalles sórdidos de degradación personal. Nuestra respuesta a una cultura del sadismo es herirnos y mutilarnos de manera masoquista. No representamos amenaza alguna para el orden imperante; dirigimos nuestra rebelión hacia dentro, buscando causar pena, asco y compasión a nuestro padres en vez de tener la agresión parricida a que aspiraban anteriores contraculturas.

»BUDDY: A diferencia de esas contraculturas anteriores, no somos fruto del rechazo hacia lo anterior, sino un híbrido desdentado que elimina las pretensiones básicamente serias de finales de los sesenta y setenta para dar como fruto algo que es poco más que una tendencia de la moda. Hemos extraído diversos aspectos de esas culturas (medios de comunicación alternativos y un desaliño consciente de la primera, y un desvergonzado gusto por la basura de la segunda) para formar un conglomerado que sólo tiene sentido en tanto en cuanto indica claramente que el nuestro es un imperio en rápido declive.

»LISA: Los movimientos juveniles anteriores buscaban a sus líderes entre los revolucionarios buscadores de la verdad. Nuestro héroes son asesinos de masas, dibujantes de tebeos y alcohólicos. Es lógico que nuestra meca cultural sea una zona gris y sin vida conocida por sus precipitaciones y su alta concentración de nazis. Pero, claro, los años "grunge" quedaron atrás. Recibimos más atención de la que merecía nuestro nada impresionante número (menos del uno por ciento de la población), y ahora caeremos en el olvido, para ser recordados (quizá) sólo por alguna generación futura aún más estúpida que imitará nuestro amaneramiento en un intento regresivo de escapar de los horrores que sin duda nos aguardan.»

En este punto, los tres personajes se echan a llorar. Fin de la historieta. Como viene siendo normal, los medios alternativos como los cómics independientes son los que mejor pulsan la realidad de los jóvenes, y la filípica que aquí se marca el señor Clowes –autor del guión de la desoladora película *Gosth World*– es bien reveladora de por dónde van los tiros anímicos de las últimas levas juveniles.

¿Tienen algo que ver estos retratos con los jóvenes españoles de ahora mismo? Puede que sólo parcialmente, pero si focalizamos la mirada en los chicos del botellón encontraremos muchas de las actitudes descritas: ahí está el gusto por el feísmo y el desaliño indumentario, la falta de perspectiva de un futuro razonable y, en contra de lo que era de esperar, la ausencia de rebelión ante tan pocas perspectivas vitales. Como lo de la generación X funcionó bien a nivel comercial –el libro se vendió y la imagen de marca generacional acabó convirtiéndose en reclamo publicitario de una bebida de cola–, ahora ya están dando la tabarra con la generación Y, esto es, los que han nacido alrededor de 1980. El término se deriva del invento de –cómo no– otro avispado yanqui, Eric Chester, que ha descrito a esta nueva tanda de chavales como «hijos de la clase media, adictos al consumo, bien preparados académicamente, dominadores de las nuevas tecnologías informáticas y refractarios a los estímulos publicitarios». Bueno, algo de eso hay, sin duda, entre los chicos que nos ocupan, pero consideramos que la única novedad digna de ser tenida en cuenta es lo referente a la inmersión juvenil en los avances tecnológicos, cosa, por otra parte, perfectamente lógica. Si hace un cuarto de siglo nos asombrábamos de que sólo los críos fueran capaces de lograr la imposible cuadratura del cubo de Rubik, ahora son los más jóvenes los únicos que se mueven en el mundo de la telefonía móvil o Internet con cierta solvencia. No tiene ningún secreto, ya se sabe que las mentes más jóvenes son las mejor preparadas para decodificar nuevos sistemas de comunicación, lo mismo que es más fácil enseñar un idioma a un niño que a un adulto. Lo que sí que es diferente para las nuevas generaciones –X, Y o Z– es que se han encontrado con un tipo de dinámica social totalmente distinta de la que enfrentaron sus mayores, por tanto no es de extrañar que sus reacciones sean de otra índole.

LOS TRABAJOS DE PETER PAN

Una de las características más novedosas de las sociedades occidentales contemporáneas es la identificación de millones de personas con lo que se ha dado en llamar «síndrome de Peter Pan». Éste consiste en la decidida voluntad de no hacerse mayor, de no crecer, de mantener «contra natura» la lozanía de los años mozos y la inocencia espiritual y moral consecuente. Hoy no extraña a nadie que individuos de cincuenta años o más luzcan palmitos juveniles, tengan aficiones que no se corresponden con su edad y se comporten de manera inconsecuente con los trienios acumulados. Parece que se ha creado un estado de ánimo colectivo en el que ser joven es un elemento positivo, algo que mola. La juventud ya no es un lugar de paso hacia la vida adulta, sino un sitio estupendo, y con entidad propia, en el que conviene quedarse el mayor tiempo posible. A este respecto son ilustrativas las reflexiones contenidas en el documento de trabajo editado por el Ayuntamiento de Barcelona en 1999 bajo el título *Las políticas afirmativas de juventud; una propuesta para la nueva condición juvenil*, de Albardías y otros autores:

> «La modernización de las sociedades occidentales ha marcado el nacimiento de la juventud como sector social y de una cultura de consumo juvenil identificables. (...) Los jóvenes son

cada vez más autónomos, más capaces y también más preco-
ces en todos los ámbitos de la vida, lo cual conduce a que este
período de la vida deja de ser vivido como años de privacio-
nes y déficits. (...) Hoy la condición juvenil ya no viene condi-
cionada por el fuerte deseo de inserción social y profesional
que tradicionalmente el mundo adulto ha celebrado que se produjera de forma rápida y completa. (...) La juventud como una
etapa plena supone que la edad adulta empieza a perder el rol
de centralidad y referencia que hasta hoy día todos le han otor-
gado en tanto que único período posible de autorrealización.»

No es ajeno a este fenómeno la creación de una diversificada
industria dirigida exclusivamente al público joven y que alienta actitudes en las que los chicos utilizan las ofertas de consumo para ir
construyendo su personalidad. Es el caso típico del chico que se
hace «heavy-metal», con toda la parafernalia de correajes y ferre-
tería a cuestas, por las que ha pagado sus buenos dineros. La presión propagandística de tamaño entramado industrial ha hecho caer
en sus redes a mucha gente que ya no es joven, pero que se man-
tiene en una larga y saludable madurez. Por otra parte hay que considerar el hecho objetivo de que cada vez se vive más y mejor, sobre
todo en los llamados «países desarrollados». Según un informe de
la ONU para la Segunda Asamblea Mundial sobre el Envejecimiento,
en el año 2050 el 21% de los habitantes de la Tierra tendrán más
de 60 años, y de ellos tres de cada cuatro vivirán en los países desarrollados. La población de más de 60 años es, además, la de mayor
crecimiento en el globo, lo que hace que la pirámide demográfica
de los mencionados países tienda a convertirse en un cilindro, con
muy poca variación en términos de cantidad entre los tramos de
edad que van de los veinte a los setenta. Esa homogeneidad en el

número de miembros de distintas generaciones que conviven en una misma sociedad hace que los cambios en las costumbres sean evidentes. Muchos de los usos sociales que antes estaban claramente delimitados según estratos de edad van desapareciendo. Un ejemplo, para entendernos: hoy día la gente que ha tenido el *rock and roll* como banda sonora de su juventud abarca un espectro que va desde los 60 a los 15 años. Puede parecer una tontería, pero ya veremos que no es así.

Hasta ahora hemos hablado del efecto Peter Pan en los adultos, pero ¿qué pasa con los jóvenes? Podría pensarse que ellos, al ser realmente jóvenes, no pueden tener la tendencia de rejuvenecer aún más. El «síndrome de Peter Pan», sin embargo, no sólo hace referencia a la voluntad de plantarse en una edad juvenil por tiempo indefinido, sino que también incluye otro factor: la firme decisión de no abandonar el país de «Nuncajamás». Y en esto sí que está por la labor buena parte de la juventud, especialmente el tipo de chavales que se pueden encontrar en los botellones. Está cada vez más extendida la tendencia juvenil de retrasar al máximo su inmersión en la vida adulta, con todo lo que ello conlleva. En Estados Unidos –país que en su condición de imperio global también es un laboratorio de tendencias sociales de vanguardia, muchas veces exportables– ya ha cobrado carta de naturaleza el término «adultescencia» para definir esa larga etapa de la vida de las nuevas generaciones en la que, siendo ya adultos, se comportan como adolescentes. Los modelos de «adultescentes» tienen además un éxito notable. No hay más que echar una mirada a las series de mayor audiencia de la televisión norteamericana para darnos cuenta de que están protagonizadas por este nuevo tipo de «urbanita» contemporáneo. Telecomedias como *Friends* o *Ally McBeal* nos muestran a treintañeros que se comportan como críos. Este aniñamiento de la sociedad no es privativo de los EE.UU., por supuesto. Cada vez es más frecuente encontrar noticias en los periódicos que empiezan tal que así: «Un joven de 33 años ha sido encontrado....». Hace apenas dos décadas no se era joven a esa edad. Incluso los servicios públicos ha alargado el período «oficialmente» juvenil, concediendo el «carné joven» y demás prebendas institucionales a gente de hasta 28 años, muy por encima de lo que se consideraba un joven en España hasta hace bien poco. ¿Es esto un contrasentido, una moda, una barbaridad? Sinceramente creemos que no. La dinámica social que vivimos nos lleva a ello, y es totalmente cierto que en la sociedad actual una persona de 33 años es joven, o al menos puede serlo, según haya sido su vida y su entorno. De hecho, uno de los fenómenos radicalmente nuevos en nuestra sociedad son esos miles de jóvenes –o no tan jóvenes– que viven en la casa paterna ajenos a las pulsiones centrífugas de otras épocas. Según la última Encuesta de Población Activa, el 65,8% de los jóvenes entre 20 y 34 años vive en casa de sus padres. Si distinguimos por géneros, nos encontramos con que son los chicos, un 70,5% de ellos, los que más se apalancan en casa de sus padres, frente a un 61% de las chicas. Esta tendencia a no abandonar la seguridad del «claustro materno» tiene muchas lecturas. A este respecto volvemos a citar el estudio de Albardías:

«Hoy los jóvenes no tienen prisa por insertarse completamente y no quieren correr para convertirse en socialmente adultos. No en vano la vida adulta tiene más dependencias, ataduras y obligaciones que la juventud, la cual, en condiciones normales, tiene un potencial formativo y de experimentación sin parangón. (...) Frente a la vieja aspiración emancipadora que tenía como meta que los jóvenes dejasen de serlo, ahora nuestro objetivo es darles al máximo autonomía personal y extender los beneficios de la nueva condición al universo juvenil.»

Los chicos, en efecto, no se van de casa ni a tiros. La perspectiva de tener que plantarle cara a la realidad les echa para atrás. No es de extrañar. El mundo ahí fuera está plagado de malos tragos y, al fin y al cabo, no se está tan mal dentro de casa. Los que antaño fueran motivos para la escenificación en el seno de la familia del *crack* generacional hoy han desaparecido. El modelo de padre terrible está en franco retroceso, ahora hay que buscar con lupa para encontrar alguno de aquellos que marcaban estrictas reglas de conducta en el hogar familiar, con horarios de entrada y salida, prohibiciones que iban desde el consumo de tabaco hasta la manera de vestir, férreos marcajes a la vida sexual de los hijos, etc. Los padres de ahora mismo son los hijos de antaño, los que sufrieron esas limitaciones en el ámbito familiar, y parecen poco dispuestos a reproducir el esquema de sus mayores. Incluso se diría que se han ido al otro extremo, pues la libertad de que gozan los chicos de ahora no conoce igual. La figura paterna de hoy día no sólo no es el ogro castrador de antaño, sino que se ha convertido en un extraño colega de su hijo, una persona comprensiva con la que es fácil llevarse bien. No es de extrañar, pues, que no se vayan de su casa: ¿dónde iban a estar mejor? Pero eso no es todo, por supuesto. Pongamos el caso de un chico que realmente quiera irse de su casa con la mayoría de edad o poco más. La cuestión es peliaguda en la España actual. Las espectativas de trabajo para un joven sin experiencia son de aúpa: paro, precariedad y contratos leoninos. Así es muy difícil que un joven pueda acceder prontamente a un trabajo que le permita mantenerse por sí mismo. Como tenemos la fortuna de vivir en el mundo del mercado libre, es ese mismo mercado el que, en uso de su libertad, marca las reglas laborales, con lo que los trabajadores se han convertido en una mera mercancía del proceso productivo, y los trabajadores jóvenes y sin experiencia son la parte más barata de esa mercancía, tanto que son casi desechables, y como tal se los trata. Para compensar este panfleto de «progresismo trasnochado,» citaremos el libro *Juventudes y empleos: perspectivas comparadas*, de Lorenzo Chacón Rodríguez, publicado en el año 2000 por un organismo institucional tan lejano a las veleidades «progres» como el Injuve, dependiente del Ministerio de Trabajo y Asuntos Sociales:

Desde finales de los años setenta, comienzan a producirse cambios relevantes en el proceso de «transición profesional» de los jóvenes que van –en general– en una dirección similar en el conjunto de los países desarrollados:

✓ Se retrasa el inicio del proceso de «transición profesional» por el alargamiento de la escolarización: consecuencia tanto de la ampliación de los sistemas educativos como del retraimiento en la incorporación a la vida activa debido a las dificultades de encontrar empleo y al endurecimiento de las condiciones de competencia entre trabajadores por el empleo.

✓ Se alarga la duración del proceso de «transición profesional»: ha pasado de ser un proceso relativamente corto antes de la crisis (de empleo de los años setenta) a prolongarse considerablemente desde entonces. Aunque sea difícil, antes y ahora, «decidir» cuando finaliza la transición profesional. Con esto se «alarga» la edad juvenil. Hay autores que hablan de «juventud prolongada»; podríamos decir que para algunos trabajadores, desde este punto de vista, se produce una «juventud interminable».

✓ Se ha complejizado la «transición profesional» por la multiplicación y reiteración de diversos estatutos o posiciones: se entrecruzan etapas de formación, de prácticas profesionales no laborales, de pequeños trabajos, de empleos precarios, de contratos con empresas de trabajo temporal, de contratos laborales llamados formativos, de trabajos no declarados o sumergidos, de períodos (más o menos largos) de paro; y el ciclo recomienza: pero no necesariamente por el principio ni siguiendo las mismas etapas que en la fase anterior.

✓ Se ha precarizado el proceso: puesto que no está claro que sea un camino que conduzca a alguna de las partes todavía estables y centrales del mercado de trabajo (como los mercados profesionales o los mercados internos de las empresas). El proceso de precarización se radicaliza cuando se difumina el (supuesto) final del proceso: ¿cuándo se consigue un empleo estable?

✓ Se ha consolidado como un período diferenciado del ciclo vital de los individuos, pasando a ser un rasgo conformador de la «juventud». Esto facilita el desarrollo ideológico que hace pasar como «natural» la precariedad del empleo que caracteriza a una juventud así formada.

✓ Se constituye un campo nuevo de gestión de la mano de obra para las empresas: lo «atípico» en relación a la norma «fordista» de empleo se convierte en «típico» en esta etapa: una panoplia de fórmulas y prácticas de empleo más flexibles, más baratas, con menor sindicalización y menor poder de negociación. Y es típico de este campo no sólo porque su lógica sea la dominante, sino porque son la realidad predominante en el mercado.

✓ Se producen procesos de «transición profesional» diferenciados según el distinto «capital social» de los individuos: origen social y étnico, género, capital cultural (tipos de estudios y nivel de los mismos, diploma), capital relacional. Arrancan así trayectorias laborales y vitales diferenciadas que luego tendrán continuidad en la vida adulta de los individuos. Para muchos de los jóvenes que inician el proceso con poco capital social podemos hablar de «transición truncada».

✓ Pero además se ha producido en todos los países de la que otro cambio fundamental, formalmente fuera del mercado de trabajo: es la prolongación de la escolaridad, generalizada en los grupos sociales altos y medios. Sólo los vástagos de la clase trabajadora se incorporan al mercado de trabajo antes de los veinte años.

Este exhaustivo retrato de las penurias de la juventud a la hora de encontrar un trabajo explica muchas cosas. Si se quedan en casa de sus padres no sólo es por una cuestión de comodidad, de indolencia o de ganas de seguir representando el interesante rol juvenil –mucho más excitante y esperanzador que el adulto, desde luego– sino que sencillamente no hay manera de encontrar trabajo para mantenerse fuera de casa.

Y hablando de casas, en alguna parte habrá que vivir. Pero en la España de hoy no está nada sencillo. Según la consultora Aguirre Newman, en Madrid los precios de las casas han aumentado en los últimos dos años un 42%, llegado a ponerse en 2.136 euros de media por metro cuadrado. A esto hay que añadir la práctica desaparición del mercado de alquiler en nuestro país. ¿Dónde se va a ir a vivir un joven que tenga un primer contrato en prácticas –y en el alero– con un sueldo de risa? En esta cuestión, como en la del trabajo, volvemos a disfrutar de «la capacidad de autoregulación del mercado». Esa capacidad es la que hace que el negocio inmobiliario y bancario, esto es, los que construyen las casas y los que dejan el dinero –con interés, por supuesto– para comprarlas, vayan tan bien en un sitio donde las casas están tan caras. A todo esto, los gobiernos, sean del matiz que sean, siempre dentro del color dominante, dicen que «diseñan políticas de vivienda», pero desgraciadamente suelen acabar culpándose mutuamente –el gobierno central dice que es cosa de los ayuntamientos, estos dicen que es cosa de las autonomías y estas miran hacia el gobierno central– de no hacer bien las cosas. La resultante de tanta diligencia ante los problemas de vivienda de los ciudadanos por parte de las distintas administraciones la conocemos todos: comprar un piso cuesta el sueldo de toda una vida; alquilar es sencillamente imposible.

Con semejante panorama de empleo difícil de conseguir, precario y mal pagado, y la vivienda por las nubes, la familia se ha convertido en el refugio de muchos jóvenes, desempeñando una función de amortiguador de los problemas sociales. Si antes de que se arrancasen los derechos sociales del paro o las jubilaciones eran las familias las encargadas de ocuparse de los viejos improductivos, ahora están cumpliendo el mismo papel pero con los jóvenes. Los padres de toda esa juventud apalancada en casa le están ahorrando al Estado las costosas políticas de empleo necesarias y la financiación de una vivienda pública extensa y eficaz. Alguien tendría que dar las gracias a papá y mamá, y no nos referimos precisamente a sus hijos.

LA OPINIÓN DE UN EX-PRESIDENTE:
LO QUE CUENTA JOAQUÍN LEGUINA

Para buscar una opinión de todos estos fenómenos –botellón, «adultescencia», precariedad laboral juvenil, carestía de la vivienda, etc.– por parte de un responsable político nos hemos acercado a Joaquín Leguina, ex-Presidente de la Comunidad Autónoma de Madrid y miembro del PSOE. A su dimensión política hay que añadir su condición de sociólogo y demógrafo, además de ser vecino del centro de Madrid, lo que lo convierte en un interlocutor especialmente interesante en el tema que nos ocupa.

PREGUNTA: ¿Por qué surge el fenómeno del botellón?

RESPUESTA: La tendencia a beber alcohol, duro o no, es muy antigua entre la juventud de España; y no solo en España, en los paises nórdicos aún más. A las horas en las que se practica esta nocturnidad sin alevosía de los jóvenes, los bares de copas suelen ser caros. Como hay posibilidades de estar en la calle, sobre todo en determinadas épocas del año en el sur de Europa, y poder comprar libremente alcohol –en esto España se distingue de otros países–, ahí es donde está el origen del botellón. Ahora, no creo que se beba más ahora que cuando yo era joven. Si hay problemas con este fenómeno es por otras razones. Por una lado está, como diría Tierno, el agavillamiento, es decir, formar gavillas; antes estos fenómenos eran más dispersos. Y luego, estos movimientos masivos se producen dentro de zonas concretas, se mezclan con la marginalidad urbana, pequeños camellos, gente predelincuente que les gusta cortar los árboles y quemarlos en la plaza del Dos de Mayo. Esta gente es una minoría que es inevitable que se junte con el resto de los que van al botellón. Lo hemos visto en muchísimas manifestaciones juveniles masivas, siempre aparecen marginales y eso asusta a los vecinos y a los poderes públicos. En Madrid, que es lo que más conozco, esos poderes no han practicado la terapia preventiva y ahora quieren practicar la terapia represiva, que es complicada. Las reflexiones sobre el botellón son el reflejo de una reflexión más amplia sobre cómo tenemos organizada la vida. El botellón es una forma espontánea que nadie ha planificado, pero que nos anuncia otro concepto de uso de la propia ciudad.

PREGUNTA: ¿No se veía venir esto del botellón?

RESPUESTA: Ni la iniciativa privada ni la pública han tenido en cuenta estas nuevas costumbres, ni la nocturnidad tampoco. Funcionábamos como si eso no existiera. Hay un aspecto que me parece especialmente grave, que son los transportes, porque ahí se producen muertes por accidentes. Cuando era presidente de la CAM intenté que el transporte público funcionara por la noche, no al mismo ritmo que a las ocho de la mañana de un día de labor, pero que funcionara. Si alguien sale por la noche, tiene que tener la posibilidad de volver a su casa sin tener que coger el coche. La costumbre de pasar en la calle tantas horas en la noche choca con que no se ha cambiado el horario laboral. La ciudad está explotada intensivamente durante unas horas del día, donde se acumulan desastres como los tapones de tráfico, las aglomeraciones, etc. Para explotar bien la ciudad eso hay que cambiarlo. Hay que alargar el tiempo de uso de las ciudades. Esto no se ha abordado, como tampoco se han hecho inversiones de ocio –conciertos o lo que sea– a altas horas de la madrugada. Estamos con esquemas antiguos ante una realidad que es nueva.

PREGUNTA: Ahora se ha planeado toda una batería de medidas legales para hacer frente a la problemática asociada al botellón. ¿Qué le parecen?

RESPUESTA: No sirven para cambiar las costumbres, pero deberían servir para arreglar sus efectos negativos. No creo que por decreto se pueda cambiar las costumbres de los chicos. Estos chavales se echan una siesta el viernes después de comer, salen a partir de las doce de la noche y están frescos como una rosa, aguantan despiertos toda la noche perfectamente. Si estos chavales han decidido eso –que en mis tiempos hubiera sido imposible porque teníamos unos constreñimientos familiares–, ante esa realidad no se puede decir que vuelvan a la casa a las diez. No es posible. Hay que adaptarse a eso. Los gobiernos –municipales, autonómicos, etc.– hablan de alternativas de ocio, pero ¿cuáles? Yo no veo ninguna. Hay que plantear alternativas sí, pero no a las costumbres, sino alternativas para poder escoger entre estar en el botellón o estar en un concierto, por ejemplo, o un cine de verano. Hay que poder escoger. Todos somos gregarios, y un muchacho ¿dónde se ve con sus amigos, si todos salen por la noche? Pues en la calle, en un concierto o en el cine. Hay que aprovechar el buen clima meteorológico que hay por aquí. Seguro que hay gente con bastante más imaginación que yo a la que se le ocurriría algún negocio con todo esto.

PREGUNTA: En las medidas que se han previsto se hace mucho hincapié en la regulación del consumo de alcohol por la juventud. ¿Qué opina?

RESPUESTA: Que los jóvenes beban en exceso es malo, pero, insisto, creo que beben menos de lo que bebíamos nosotros. En España se destetaba a los niños con aguardiente.

PREGUNTA:Con los recientes debates sobre los cambios en los planes de estudios se ha dado la imagen de que los chicos, además de beber en los botellones, encima son malos estudiantes. ¿Qué hay de cierto en todo esto?

RESPUESTA: Ahora se habla mucho del fracaso escolar, pero es que antes no estudiaba tanta gente, no era obligatoria la enseñanza. No todo el mundo nace con el mismo talento ni con las mismas aficiones. No tengo la menor duda de que es bueno que todo el mundo esté escolarizado hasta los 16 años, pero esa medida también tiene sus efectos contraproducentes, no hay más que ver las protestas de los profesores, los problemas de semi-delincuencia dentro de las aulas, etc. Cuando yo estudiaba, estudiábamos cuatro gatos, y además había que pagar, normalmente. Lo del bajo rendimiento académico es directamente falso. Las encuestas que se hacen públicas, hechas con parámetros extraños, son un engaño absoluto. El nivel educativo de los españoles –no voy a entrar en el cultural– no tiene comparación con el que tenían hace veinte años, y menos hace cuarenta. El nivel educativo es el grado de conocimiento, el nivel cultural hace referencia a otras cosas: el gusto por la expresión cultural y el nivel de comportamiento cívico. El crecimiento del nivel educativo no se ha acompasado con el del nivel cultural. Mientras que el primero se consigue relativamente bien invirtiendo dinero en profesores, aulas y libros, el nivel cultural o cívico tiene otros parámetros en su formación. Los chicos con 16 o 17 años saben mucha más matemática o física de la que sabíamos nosotros, pero su nivel cultural, su interés o curiosidad por la cultura es poco.

PREGUNTA: ¿Y por qué no se incentiva el interés por la cultura?

RESPUESTA: Bueno, vemos la televisión, ¿no? ¿Qué nos dice la televisión? Creo que en esto, el Estado, con todos los respetos para la iniciativa privada, juega un papel fundamental. Esto hay que tomárselo en serio. Yo veo unos programas de pintura en los canales de pago que cualquiera que los vea acaba sintiendo curiosidad por la pintura; o eso, o es que es un leño. Hagamos llegar a la gente ese tipo de cosas que están hechas para la televisión, y magníficamente hechas. Ya sé que es muy difícil luchar por la audiencia, que La 2 pone un poquito de estas cosas y que no hay una televisión pública sin público, pero algo se puede hacer. Siempre se puede luchar con habilidad. ¿No se puede hacer nada para abrirle el gusanillo a la gente hacia el teatro, por ejemplo? Quede claro que esto es compatible con el botellón y con la nocturnidad.

PREGUNTA: ¿Qué opina del fenómeno de la «adultescencia», la permanencia exagerada en el tiempo en parámetros juveniles, y del hecho de que los jóvenes no acaben nunca de irse de la casa de sus padres?

RESPUESTA: La vida que se les fuerza a hacer, no sé si a gusto o a disgusto de ellos, es de una emancipación tardía. Si uno está viviendo con sus padres tiende a comportarse como un dependiente. Que nadie se extrañe de eso. ¿Qué edad media tienen los españoles a la hora de casarse, o a la de tener hijos, si es que los tienen? Es tremendo. Si a una persona la colocas en situación de alargar su adolescencia, sus estudios y retrasar de una manera impresionante la emancipación, tiende a comportarse así. Además, el sistema económico familiar viene a corroborar todo esto. Que nadie se extrañe de los efectos perversos de algo que era perverso en sí mismo, que es la falta de trabajo. La crisis económica que arranca en los años 70 ha traído unas consecuencias más largas de lo que cabía prever, y ha cambiado, entre otras cosas, el derecho laboral. En Europa, especialmente en España, el derecho laboral, entendido como seguridad en el empleo, etc., ha sido derribado, destruido. Pensar que eso sólo tenía efectos económicos era una estupidez, porque al menos tiene dos efectos que entonces no se veían y que los hemos visto 30 años después. Uno ha sido sobre la fecundidad española. Estamos por debajo de cualquier país del mundo. Eso trae un envejecimiento de la población, proble-

mas para la Seguridad Social y otros no fácilmente cuantifica-
bles, como la capacidad de innovación de una sociedad, que
siempre recae en la juventud. El otro efecto es convertir a la
familia en colchón para soportar las contingencias laborales.
Eso conlleva una emancipación tardía y un estrechamiento y
alargamiento demográfico de la familia. Esto no lo va a soportar la familia, ya que al ser tan estrecha esa columna se va a
quebrar. Luego hay otros efectos colaterales. Esa emancipación tardía produce el aniñamiento de una parte de la población que, en épocas pasadas, era soporte económico y demográfico del país.

PREGUNTA: ¿Qué papel debería cumplir la familia en todos estos
cambios sociales y cómo puede llegar a afectarle?

RESPUESTA: Antes había un modelo de familia en el que cabía el 90%
de la población. Ahora hay varios modelos. Sigue existiendo
el antiguo, que era heredero de la familia polinuclear, un edificio que tenía tantos pilares que era muy difícil que se caye-
ra. De ahí se pasó a la familia mononuclear, que tiene un único pilar y la posibilidad de que se caiga es mayor. Ahora se
podrían tipificar diez o doce modelos de familia. Por lo tanto
no se puede pensar que las familias van a poder resolver los
problemas de socialización de los jóvenes: unas podrán y otras
no. El modelo de familia del norte de Europa se está imponiendo cada vez más, se debilitan los lazos familiares en función de la capacidad de independencia de sus miembros. En
los paises nórdicos la mayoría de los niños nacen fuera del
matrimonio y, sin embargo, tienen una fecundidad mayor que
en España. Para la socialización del niño es imprescindible la
familia en una primera etapa. No llegaría a ser persona si no
tuviera esas relaciones familiares. Pero teniendo en cuenta que

el aprendizaje es cada vez más largo, es muy difícil que la familia, a partir de cierta edad, cubra lo que cubría hace años, para bien o para mal. Por lo tanto la solución tendrá que ser de tipo asociativo. No estoy hablando de la escuela. Tenemos que prepararnos para prever el futuro, no para volver al pasado.

PREGUNTA: Es evidente que nos enfrentamos a un cambio radical en el modelo social. ¿Estamos preparados?

RESPUESTA: Ese es el problema serio, no el botellón que es algo coyuntural. La base misma donde se anclan todos estos fenómenos es en la estructura social, en cómo funciona esta sociedad. Y en cómo funcionan los medios de comunicación, puesto que estábamos hablando de socialización, y una parte importante de la socialización se produce hoy a través de las pantallas de la televisión. Nadie se atreve a meter mano en el sacro santo mercado de la comunicación. Hay una serie de normas tímidas, pero el problema es la programación. De nada me sirve una programación buena si el muchacho cambia de canal o apaga el televisor. La sacrosanta libertad de las empresas privadas está en el origen de muchísimas perversiones. Tanto las televisiones públicas como privadas incumplen las reglas de limitación de publicidad, por ejemplo. Es algo que se sabe, se llevan controles. Pero jamás se les pondrá una multa, porque eso es enfrentarse a un grupo de comunicación y supone enajenarse el apoyo político de esos grupos.

7
La fábula del rebelde sin causa

En 1955 se estrenó *Rebelde sin causa,* película dirigida por Nicholas Ray sobre un guión de Stewart Stern. El origen de la trama hay que buscarlo en un estudio sobre la personalidad psicótica de un delincuente juvenil. Como la película en cuestión la repiten constantemente por televisión no vamos a aburrir con una detallada descripción de su argumento. Mejor será leer entre líneas lo que allí sucedía. El protagonista, Jim Stark, interpretado por un James Dean plagado de tics, es un jovencito que se siente realmente incómodo consigo mismo y con su entorno. Sufre, como es de ley en las edades tempranas, los avatares de la extrema juventud, la picazón del surgimiento de una personalidad propia y las ganas de rebeldía contra el orden establecido. Es un muchacho conflictivo que no se siente comprendido por su familia y que no para de hacer barrabasadas ni de beber cuantiosamente. Su situación no es mala en absoluto. Lejos de pertenecer a la marginalidad étnica o económica, su familia forma parte del «american dream»: casa con porche, cochazo de muchos metros, electrodomésticos a porrillo, etc. Dean/Stark, sin embargo, no disfruta con nada de ello. La bonanza económica, así como el cariño devoto de sus padres, le asfixian. Es, sencillamente, un joven que no sabe lo que quiere, pero sí lo que no quiere: no está dispuesto a ser igual que sus padres.

El despiste existencial y la incapacidad para ver salidas razonables es perfectamente comprensible en el lugar y el momento que representa la película. A mediados de los años cincuenta los Estados Unidos estaban sumidos en plena caza de brujas. El «pensamiento único» era la tónica dominante en un país que disfrutaba de la paz de las urbanizaciones suburbiales. Carente de cualquier soporte ideológico, y sin ningún armazón dialéctico, el joven rebelde sólo sabe expresar sus deseos de romper con la pana rompiéndola literalmente, como hace Dean/Stark con un parquímetro nada más comenzar la película. Como no le es posible analizar su malestar ni proponer nuevos registros sociales, se convierte en un gamberro. La película, fiel a los dictados de Holywood, está llena de moralejas, y el mal comportamiento del protagonista le lleva a enfrentarse a su padres, visitar comisarías y, finalmente, causar la muerte de su mejor amigo (un Sal Mineo en el umbral de la puerta del armario). Afortunadamente el chaval se enamora de la bellísima Natalie Wood y acaba reconciliándose con sus santos padres. El título de la cinta, *Rebelde sin causa*, ya está emitiendo un juicio de valor sobre las actitudes que desarrolla Dean/Stark a lo largo de ella. La cosa está clara: si el chico vive mejor que quiere, tiene unos padres que le miman, se lía con la más guapa del barrio y todavía le sobra para tener enamoriscado al pobrecito Sal Mineo, ¿a cuento de qué arma tanto jaleo? A todas luces, su rebeldía no tiene causa. Viviendo en el mejor de los mundos posibles no es tolerable pensar que no sea eso lo que uno quiera. ¿Por qué va el picajoso de Dean/Stark a poner en solfa un futuro como el de su padre, con mujer, hijo, coche, hipoteca y jardincito? ¿No es eso lo que quiere todo el mundo? Parece que no.

La juventud es una etapa propicia para cuestionar el orden de las cosas y es perfectamente normal que los chicos no quieran ser clones de sus mayores. Algo verán en ellos que no les hace gracia.

Lo malo viene cuando se vive en un mundo donde se ha instalado la uniformidad total en el debate ideológico y el imperio de lo «políticamente correcto», donde toda alternativa al «establishment» se entiende como una deslealtad, una traición, una barbaridad, una tontería o cosas peores con consecuencias judiciales. Si no hay opciones razonables, no es de extrañar que se opte por la irracionalidad: el gamberrismo, el escapismo y el alcohol, por poner unos pocos ejemplos. Eso es lo que pasaba en los Estados Unidos en los años cincuenta. Y quizá por el secular atraso de nuestro país, eso está pasando en España hoy día.

EL GRAN TIMO DEL *ROCK AND ROLL*

La época en que se inscribe la película *Rebelde sin causa* es también la del nacimiento del *rock and roll*. A mediados de los años cincuenta empezó a popularizarse ese nuevo ritmo que bebía de las fuentes del *rhthym and blues* y del *country*. Quizá no hubiera pasado de ser una moda más si no hubiese sido por su impronta rompedora con respecto a las costumbres de la época y el lugar. El rock and roll llevaba encima el estigma de ser una música del gueto, una cosa de negros, aunque en realidad no fuese más que un destilado de sonidos negros para su mejor asimilación por un público blanco. Las actitudes procaces de alguno de los pioneros de la nueva música –la pelvis de Elvis, ya saben– acabaron de diseñar su sello distintivo. Al final de la década de los cincuenta el *rock and roll* ya tenía una imagen de marca fuertemente consolidada, era la música de una juventud rebelde que quería agitar lúdicamente el mortecino estado de satisfacción de una sociedad unidimensional. Los jóvenes norteamericanos no encontraban otra manera de mostrar su voluntad de cambio que apuntarse a una moda que amenazaba a los usos imperantes. También eran aquellos los años en que se daba por vez primera un fenómeno que luego ha ido sucediendo en otros países desarrollados. Nos referimos al hecho de que la juventud tenga dinero para gastarlo en sus cosas, ocio principalmente. En tales circunstancias, el calado masivo del *rock and roll* pronto hizo que aquello fuera algo más que una moda, e inevitablemente se convirtió en una industria dirigida a un público juvenil. Los artículos a la venta eran de lo más diverso: discos, actuaciones en directo, películas, quincalla para fans (fotos, llaveros, pósteres, etc.), ropa de moda, estilos de peinados, modelos específicos de coches y motos para los más pudientes...

Gracias al *rock and roll* el negocio del disco se convirtió en una industria pesada, capaz de generar beneficios descomunales. Lógicamente, había que cuidar la gallina de los huevos de oro, y se fue repitiendo la jugada de los primeros roqueros una y otra vez, aunque siempre con el ojo puesto en la fecha de caducidad del invento. Ésta, sin embargo, no llegó tan pronto como se esperaba por un extraño regate del destino, sino que el *rock and roll* siguió vivo y sano durante mucho más tiempo gracias a su proyección internacional. La llegada a Europa de los nuevos ritmos, estéticas y actitudes que adornaban aquella música la revitalizó enormemente. Ya no era *rock and roll*, bastaba con *rock*; ya no era un ritmo más, sino una manera de vivir. Los jóvenes europeos, con menos posibles económicos que los yanquis y la cabeza más llena de alternativas sociales, dotaron el *rock* de un contenido que antes le faltaba. Ya no se cantaba únicamente al amor de una quinceañera o se evocaba el baile, sino que el *rock* se convirtió en una alternativa eficaz y escandalosa al orden social de la época.

El efecto *bumerán* del mercado hizo que en USA también se popularizara esa nueva dimensión del *rock*, así que los años sesenta vieron nacer una música global que, sin dejar de ser la mayor industria juvenil del planeta, también era un factor importante de los cambios sociales que se sucedieron. La emancipación juvenil, el consumo de drogas, la liberación sexual, los movimientos pacifistas, la contestación social, las revueltas estudiantiles y un largo etcétera de fenómenos que revolucionaron el mundo occidental tuvieron el *rock* como música de fondo. La marca que dejaron aquellos años, con su aroma de estar construyendo un mundo nuevo, viene bien reflejada en unas frases del cantante norteamericano Elliott Murphy, a la sazón un magnífico escritor. La cita es de un cuento titulado *Exilio*, de su libro *Donde las mujeres están desnudas y los hombres son ricos*.

«Una diferencia de diez años había puesto a James en el desconocido extremo de un abismo generacional; ella no era de los sesenta y él lo era mucho. Sí, algo le había ocurrido durante todas aquellas noches interminables fumando porros, conduciendo Chevrolet Impalas y Ford Mustangs, escuchando el Sgt. Pepper's. Era algo de lo que ya nunca podría desprenderse. Un tiempo en que los pantalones acampanados eran más una declaración política que una banal nota a pie de página marcando una nueva tendencia. Y no es que las drogas –en verdad un elemento central en aquella década– hubieran perdido el protagonismo que tuvieron en América, pero toda pretensión de su valor redentor a nivel social había muerto con las víctimas de Charlie Manson o, más tarde, con el infierno del crack. Los gurús psicodélicos como Thimoty Leary se habían visto reemplazados por los omnipresentes señores de la droga de los cárteles colombianos. Hasta la revista Rolling Stone había perdido su filo intoxicado, entrando en la mediana edad como una publicación más triste y sabia tras publicar demasiadas necrológicas de estrellas del rock cuyas vidas habían sido barridas por corrientes sociales que nadie entendía realmente.»

Tal como se desprende de las palabras de Murphy, el *rock* tuvo su momento grandioso y también su caída. Llegó un momento –¿fueron los 70, los 80, los 90?– en que el ciclo se cerró y volvió a convertirse en lo que había sido en sus comienzos: una moda y una industria. Alcanzados plenamente los objetivos revolucionarios de los que era capaz, el *rock* se ha enquistado en un eterno y poco grácil bucle sobre sí mismo. Ya no hay que luchar por ninguna liberación sexual, el estatus juvenil está firmemente asentado, lo del pacifismo queda ya de puertas para adentro, los padres no dan la tabarra, las costumbres sociales se han relajado, las drogas blandas están medianamente toleradas, y de las duras mejor ni acordarse. La industria, sin embargo, se ha empeñado en mantener la momia en tan buen estado como ha sido posible, generando nuevas corrientes que pocas veces han pasado de ser pasto para el consumo rápido y desechable.

Nada tiene que ver todo esto con que puntualmente se hayan producido músicas de buena factura y evidente talento. Pero desde el punto de vista de su significación social, las más notables variantes aquel *rock* pionero han sido aquellas que tenían alguna motivación detrás. Tal fue el caso del *punk* británico, mal parido por unas clases trabajadoras asediadas por la blanca mano de la señora de la permanente de hierro. El *grunge* norteamericano –del que ya presentamos el cruel retrato de Daniel Clowes– era el grito de guerra de una juventud instalada en el no sabe/no contesta, pero con angustias vitales proporcionales al mortífero aburrimiento de su bienestar (muy parecido al de *Rebelde sin causa*, por cierto). Y el *hip-hop* es la última expresión del gueto negro, una catarata de palabras malsonantes soltadas por boca de los marginados del sistema. Todos estos géneros, sin embargo, vieron cómo se embotaba su filo con una rapidez inusitada. El sistema, después de digerir el *rock*, ya sabe perfectamente qué tipo de bicarbonato usar para las comidas pesadas: dinero y *marketing* a partes iguales.

Para dar un poco de color local es imprescindible hablar de la movida. Las sucesivas oleadas del gran *rock* de los sesenta habían pasado por España sin llegar a impregnar a poco más que un grupito de iniciados. El orden imperante durante el fascismo no estaba para tonterías. Muerto el perro, los más optimistas pensaron que se había acabado la rabia, de manera que en los últimos años setenta fueron fermentando a toda prisa los elementos que eclosionarían en la movida de los ochenta. A escala nacional, con las características propias de la tierra y poco más, se reprodujo lo que en el resto de los países occidentales había sucedido durante los años sesenta: una desordenada eclosión de creatividad juvenil que llevaba implícito un cambio en las costumbres sociales.

El sueño, largamente retrasado, duró poco. La vuelta a «la normalidad» se produjo en cuanto el personal alcanzó un nivel mínimo de comodidad y consumo, una aceptable libertad personal y unos parámetros de libertades públicas que, comparados con los de antes, sabían a dulce. Los cambios en las costumbres sociales, que ya se habían venido produciendo de forma semi-clandestina, no fueron demasiado extremados. A principios de los noventa ya todo era como antes pero con más relumbrón, el que da la pasta. Con el paso de los años, el *rock*, con su imaginario de revolución juvenil, se ha convertido en algo totalmente ajeno a la realidad española. Aquí la música para los jóvenes se hace en la academia, faltaría más.

GENERACIÓN BOTELLÓN

¡QUÉ GRANDE ES SER JOVEN!

Si hay algo en lo que España se ha puesto perfectamente al día con respecto a otras naciones de su entorno es en la creación de una extensa industria juvenil. Los sueños consumistas de una buena parte de la juventud española están perfectamente etiquetados en la planta joven de los grandes almacenes. Allí hay de todo: música, ropa, tecnología... Todo lo que hace falta para ser «rabiosamente diferente», para tener «tu estilo propio», para «ser tú mismo». Como los nuevos ricos que somos, nos hemos sumergido en el consumo chillón y compulsivo. La publicidad dirigida a los jóvenes le habla a un modelo idílico de idiota que disfrutan de su «diferencia» gastando unos hipotéticos dineros en las cosas más peregrinas. No todos los jóvenes son así, claro está, ni es ese el único perfil de la muchachada nacional. Pero algo de eso hay. A este respecto traemos a colación el estudio realizado para el Injuve por María Luz Morán y Jorge Benedicto, titulado *Jóvenes y ciudadanos*:

> «La aparente paradoja que supone el incremento de las posibilidades de consumo de los jóvenes en un entorno que tiende a perpetuar su posición subordinada constituye uno de los mejores exponentes de la situación contradictoria en la que se mueve la juventud, atrapada entre la mejora en múltiples aspectos de su vida (incremento de recursos educativos, familiares, económicos, etc.) y el creciente deterioro de las condiciones estructurales que favorecen su autonomía y responsabilidad. Una vez más se hace evidente que la clave no es el acceso a la ciudadanía en sí mismo, sin el tipo de ciudadano en que se convierten nuestros jóvenes.»

Pues con esta técnica de duchas escocesas entre la oferta de consumo y la realidad contable, se convierten en ciudadanos bastante frustrados. Como frustrante es la mera intención de marcar un territorio juvenil propio, algo que, pese a los muchos ofrecimientos de la industria del ramo, está cada vez más difícil. Para los menos integrados, aquellos que son más impermeables a las mentirijillas de consumo rápido y los paraísos artificiales o temáticos, resulta indispensable establecer un ámbito propio, unos usos y costumbres que les identifiquen con los de su grupo. El botellón es uno. Realmente está cada vez más complicado para las nuevas generaciones establecer diferencias con sus mayores, trazar fronteras, sobre todo si siguen empeñados en seguir el papel pautado de la rebelión juvenil *rock and roll style*. Mick Jagger tiene sesenta años y estos chavales de ahora podrían ser sus nietos o sus hijos. ¿Cómo epatar a unos mayores que pertenecen a la misma generación de los ídolos juveniles? Siempre hay maneras, y el botellón se ha destacado en este sentido.

DEL *CRACK* GENERACIONAL A LA «KALE BOTELLONOKA»

Buena parte de los vecinos del centro de Madrid son gente entre los treinta y los cincuenta, pero así y todo muchos se llaman a escándalo con las nuevas costumbres juveniles que tanto han dado que hablar en el seno del botellón: suciedad extremada, destrozo de las infraestructuras urbanas, ruidosas fiestas urbanas hasta altas horas de la madrugada, quema de árboles, micciones procelosas, revoque de fachadas en formato de graffitis y mucha impertinencia en el trato con los demás.

Tal parece que lo que se desarrolla en un botellón no es más que un tipo de rebelión social de perfil bajo, una «kale borroka» blanda y sin ideología protagonizada por unos chicos que hace mucho que descartaron como posibilidad la acción política. Decíamos al principio de éste libro que hay concomitancias entre el fenómeno del botellón y la auténtica «kale borroka» que asola las calles del País Vasco, y es así. Ambas manifestaciones beben de similares fuentes: búsqueda de una identidad por parte de los más jóvenes, inclinación a rebelarse contra el orden y el poder, facilidad para ser influidos por el entorno, credulidad con respecto a ideales fantasiosos, ganas de jarana aventurera y muy poca capacidad de reflexión. Que todas estas cualidades, inherentes a las primeras etapas de la juventud, sean utilizadas por partidos políticos no deja de ser una perversidad, tanto en el País Vasco como en cualquier otro sitio.

En resumen, lo que encontramos en el contexto de nuestra sociedad actual son unos jóvenes que no saben exactamente lo que quieren, pero quieren a ciencia cierta que les dejen hacer lo que quieran: un trabalenguas existencial. Les prohíben el botellón y patalean más que luchan. Se les explica cuáles son los límites para mantener la buena convivencia –no ensuciar, no mearse, no tocar el tambor, no hacer hogueras– y no es que no los acepten, es que no quieren saber nada de ello. Decía Herbert Marcuse en *El fin de las utopías*:

«Lo que parece biológicamente imposible es arreglárselas sin represión ninguna, represión impuesta por uno mismo o por algún otro... El poder que tiene, por ejemplo, el piloto en su avión es un poder racional. Imposible imaginar una situación en que los pasajeros dicten al piloto lo que debe hacer para dirigir su aparato. El agente de tránsito también parece un buen ejemplo de poder racional. Evidentemente, se trata de necesidades biológicas. Pero el poder político, el poder que se apoya en la explotación, no lo es.»

Los chicos de la «kale botellonoka» no distinguen entre ambos poderes. Su queja inarticulada, su protesta social y sus ganas de romper moldes se quedan en mera rotura del mobiliario urbano. Creen que disputando el poder racional al barrendero municipal desafían al «establishment». Es el candor de la juventud.

El botellón tiene, pues, un fuerte componente de frustración. Los chicos no están a gusto. Razones tienen, aunque a primera vista no parezcan más que la versión española y tardía del *Rebelde sin causa*. La situación de la juventud actual en España es idílica sólo si nos fijamos en las cosas que han mejorado, casi todas ellas de índole material e inmediato. Pero la verdad es que las cosas simplemente han cambiado, tanto para lo bueno como para lo malo. Es cierto que ahora no existe una juventud urbana de clase media que tenga que luchar por sus libertades personales –o por las libertades sociales, en general– como sucediera hace pocas décadas. Todo eso ya lo tienen de partida. También es verdad que no les faltan unos duros en el bolsillo para tomarse algo. Pero ahora sus problemas son otros porque la sociedad también es otra. El mundo al que se ven abocados no es ninguna bicoca: competitividad caníbal, inseguridad laboral crónica, grandes bolsas de paro, recorte de servicios sociales, contratos abusivos, imposibilidad de acceder a una vivienda propia, las pensiones del futuro difuminándose en un horizonte ominoso... Y, además, todo ello perfectamente asumido desde una sociedad que admite tan tranquila que no hay más cera que la que arde y que ya no nos hace falta ningún tipo de pensamiento utópico.

La mansa y ruidosa rebelión del botellón no lleva a nadie a ninguna parte, pero por algún lado tienen que salir las tensiones. El *crack* generacional que antaño se escenificaba en el domicilio familiar ha salido a la calle. Los chicos no son tontos y no van a «cagarse dentro del convento» cuando aún les queda mucho tiempo de estar allí. Además, ni siquiera sienten esa pulsión: hoy casi todos se llevan bien con sus padres, tan tolerantes y tan poco vistos a lo largo de los días de colegios y trabajos. La calle es otra cosa. Es su refugio y su ámbito propio, y si en ella hay adultos que quieren imponerles restricciones, serán objeto de la ira generacional. La mutua incomprensión del malestar de mayores y jóvenes los deja sumidos a ambos en un marasmo de inquina. El diálogo entre afectados y causantes en el problema generado por el botellón es difícil. Los vecinos están iracundos, histéricos, no entienden a los muchachos ni quieren hacer por entenderles. Los chicos, por su parte, están a la defensiva de forma casi corporativa. Carecen de un discurso elaborado y manifiestan un fuerte rechazo a la sociedad adulta. No la entienden ni quieren entenderla. Saben cuáles son los motivos de queja, incluso los comprenden, pero no aceptan la carga de las soluciones. Aquí tenemos que volver a hacer referencia al eminente etólogo Irenaüs Eibl-Eibesfeldt y a su obra *Amor y odio*, donde encontramos una referencia a la manera de producirse el *crack* generacional que, aunque no contemple el momento actual –ni mucho menos la España de hoy–, parece particularmente pertinente:

«Nuestra juventud dispone ahora de un acervo de conocimientos objetivos mayor que el de ninguna juventud anterior, y diariamente se entera por radio o TV de los problemas de este mundo. ¿Acaso es de extrañar que se pregunte si las tradiciones que condujeron a dos terribles conflictos mundiales, amén de la guerra de Vietnam, merecen respeto? No puede identificarse sin reserva con los antiguos valores y pone en duda la capacidad que los viejos tengan para dirigir. Esto da fe de un sano compromiso social y debería animar al diálogo, pero precisamente, según mi opinión, el diálogo se descuida bastante. Y así resulta que a veces se forman frentes drásticos y que grupos de jóvenes, radicalizados por su parte, entran precisamente por la trillada senda de la violencia, que era, sin embargo, lo que se trataba de evitar. El conflicto de las generaciones se hace más fuerte, porque aquellos que fueron educados antes de la segunda guerra mundial están troquelados para representaciones axiológicas distintas de las nuevas generaciones.

»Agrava aún más el conflicto el hecho de que la elevación del promedio de vida implica el bloqueo de las posibilidades de ascenso, sobre todo para la inteligencia. Es difícil llegar hoy a un puesto de dirección antes de los treinta años. Los mejores años pasan en vano y el joven que a los 26 años se halla todavía, sin tener culpa alguna, aspirando al doctorado, no puede fundar una familia y en la sociedad vale menos que un peón cualquiera mayor de edad. Los que dirigen la sociedad no son capaces de entender la situación, pero en cambio no carecen de afirmaciones dogmáticas. Hace poco, un académico calificó en una reunión los movimientos estudiantiles de reacciones "pubertales" de los jóvenes, sin más averiguación. A mi observación de que la mayoría de ellos habían pasado ya los 21 años y que por lo tanto no podía hablarse de pubertad –y en cambio podía comprobarse una patente aceleración del desarrollo– contestó el orador que la aceleración era sólo en el campo de lo corporal. Y que en lo espiritual el desarrollo era claudicante. Yo pedí datos experimentales, pero no pudo presentar ninguno. Cuando las minorías selectas en crecimiento –y eso es lo que son los estudiantes– se agitan en todo el mundo, es que la sociedad ha cometido algún error. Y el problema no se resuelve apelando a los guardianes del orden.

Se pueden hacer todo tipo de análisis sobre la actitud levantisca de la juventud que dedica sus horas libres al botellón, pero finalmente siempre quedará una pregunta en el aire: ¿qué les pasa a estos chicos bien criados, hijos de familias de clase media, estudiantes con teléfono móvil, ordenador y toda la mandanga tecnológica a cuestas?, ¿de qué se quejan, qué les falta? No hemos encontrado respuesta más acertada que la que ofrecida por el historiador y politólogo francés Emmanuel Todd: «Los jóvenes, en una sociedad rica, no protestan contra la miseria, sino contra el descubrimiento de su inutilidad. Nadie quiere nada de ellos». Por mucho menos la gente se da a la bebida.

8

La del estribo

H abíamos empezado diciendo que el botellón no es más que una reunión de jóvenes que beben y charlan en la calle. Ya ven en qué ha degenerado la cosa. Sin embargo, que un número considerable de jóvenes haya decidido que la mejor manera de emplear su ocio sea reunirse en las calles para beber copiosamente, con todo lo que eso conlleva, no pasa de ser un problema menor si tenemos en cuenta las facturas pendientes realmente importantes que como sociedad tenemos por delante. El botellón es tan sólo un síntoma más de la disfunción del sistema en que vivimos.

Querer analizar este fenómeno de manera aislada de su entorno, o focalizar su estudio en tan sólo dos o tres parámetros –la famosa trilogía «jóvenes, ocio y alcohol»–, es querer marear la perdiz, poner parches y esconder la cabeza ante la realidad última de los problemas. Cuando en una sociedad compleja como la nuestra empiezan a chirriar los engranajes podemos estar seguros de que la avería no tiene una única causa, sino muchas. Tirar del hilo resulta inconveniente. Si para resolver una pequeñez como el botellón hay que cambiar el orden social, es evidente que los chicos van a seguir bebiendo y berreando en la calle hasta el fin de los tiempos. Por ahí van los tiros.

LO QUE HAY DETRÁS DEL BOTELLÓN

El botellón tiene muchos padres en potencia. Vamos a resumir el árbol genealógico realizado hasta ahora, aunque sin el ánimo de encontrar a todos sus progenitores, que suponemos tan variados que sería imposible trazar un esquema mínimamente asequible para la extensión de estas páginas.

Tradición

Algo en lo que están de acuerdo casi la totalidad de las personas con las que se habla acerca del botellón es que «no es nada nuevo». En efecto, en España siempre se ha bebido con una cierta alegría, y como el clima ayuda, lo de beber en la calle tampoco es un invento postmoderno que digamos. La tradición, en este sentido, ha tenido mucho que ver en la génesis de botellón, pues la muchachada a derivado hacia este tipo de práctica de una manera casi natural. No han hecho más que inventar una nueva modalidad para un rito antiguo. Los aliños son los que marcan la diferencia. En este sentido, del botellón se puede decir lo mismo que de las religiones: lo que tiene de bueno no es nuevo, y lo que tiene de nuevo no es bueno.

Educación

La educación ha sido otro de los objetivos que se han puesto en el punto de mira de los analistas del botellón o, simplemente, del ciudadano preocupado por el fenómeno. «¡Es que estos chicos no tienen educación!», es la frase tótem que se oye en los vecindarios afectados por la nueva epidemia. Razón no les falta. Aunque en las últimas décadas se ha hecho en España un esfuerzo educativo sin parangón en nuestra historia, aún queda mucho camino por recorrer y muchos errores que enmendar. A la educación libre y obligatoria hay que añadirle muchos adjetivos. La crisis del botellón ha coincidido en el tiempo con el anuncio a bombo y platillo de nuevas reformas en los planes de educación. Éstos, sin embargo, no parece que vayan a traer nada bueno, pues van dirigidos a la criba de los más rentables para la educación superior y al desecho de los menos capaces para alimentar la mano de obra poco cualificada. Independientemente de la obligada y cansina trifulca política alrededor de estos nuevos planes de estudio, a lo que nadie parece dispuesto es a devolver a la educación obligatoria sus cualidades como instrumento para formar personas con criterio. Las sucesivas reformas de estudios han logrado la erradicación la enseñanza humanista o, cuando menos, la rebaja cuantitativa y cualitativa de sus contenidos: latín, griego, filosofía, historia, literatura, geografía, arte, etc. Este tipo de educación –más bien formación – va encaminada a crear elementos de producción, no seres humanos. Como guinda de un pastel que sabe a rancio, la última ocurrencia de la España eterna se ha hecho carne: la religión vuelve a las aulas con paso firme. Eso se llama mirar al futuro. Tampoco se puede considerar un avance social el que la nueva Ley de Calidad de la Enseñanza dedique un 79% de su exiguo presupuesto (159 millones de euros) a financiar la educación primaria en centros privados, dejando a los públicos con los restos de las migajas. Y ya que hablamos de dinero, España dedica a la educación un porcentaje de su gasto público inferior a la mayoría de los países de la Unión Europea, quedando por detrás de nosotros tan sólo Grecia, cosa que se comprende si tenemos en cuenta que nuestro país ha reducido su presupuesto para educación de un 4,9% en 1993 a un 4,5% en 2001. Otro dato de similar corte: entre 1995 y 1998, el porcentaje del PIB destinado a la enseñanza a bajado del 5,53% al

5,30%. Si observamos los datos que reflejan el nivel de estudios de la población, referido a países miembros de la OCDE (Organización mundial para la Cooperación y el Desarrollo Económico), también estamos a la cola, sólo superamos a Portugal y a Turquía. Y toda esta cicatería en la subvención de la educación pública se produce en un país en el que un 50% de su población reconoce que no lee un libro ni aunque se le estropee la televisión. Un último dato: según cuentan los rectores de las universidades españolas, en nuestro país sólo se beca al 15'4% de los alumnos, lo que nos sitúa en en la cola de los países de la Unión Europea, donde el promedio de becas es tres veces superior. Todo esto nos recuerda a un viejo profesor de instituto que ante la obstinada ignorancia del alumnado expresaba airadamente: *«¡Van ustedes hacia detrás, como los cangrejos!»*.

Cultura

Ligado al problema de la educación va el de la cultura, que aunque puedan parecer la misma cosa no lo son. La cultura es un material mucho más volátil y delicado que la educación. Mientras que para tener una educación puede ser suficiente con dejarse llevar por la cinta trasportadora que lleva desde el jardín de infancia hasta la universidad, acceder a la cultura es una opción personal. Si un individuo carece de la curiosidad, la voluntad o la inclinación suficiente para adentrarse en los distintos universos de la cultura, por más títulos universitarios que atesore no pasará de ser un besugo licenciado. La cultura, por tanto, no se impone; se ofrece, y el que la quiere la coge. En ese sentido, la oferta cultural de nuestra sociedad es muy lamentable. Se hace pasar por cultura lo que no es sino industria del ocio. El cine, por ejemplo, es cultura, qué duda cabe. Pero dentro del cine hay películas que no son cultura (muchas), otras que sí (pocas), y también las hay que van directamente contra la cultura (no pocas). Se puede decir lo mismo de otros muchos ámbitos. Para crear focos de cultura atractivos hay que hilar muy fino, poner a disposición de la gente los instrumentos necesarios, no forzar la dirección de los experimentos resultantes y, fundamentalmente, tener interés en que esa cultura germine. Nada de eso se da en la sociedad que hemos creado. La cultura no rinde beneficios, da problemas y distrae a la gente de lo verdaderamente importante: trabajar y dar palmas a las iniciativas oficiales. Incentivar la cultura no es abrir museos, inaugurar exposiciones o leer discursos, es abaratar el coste de los libros, los discos, el cine, el teatro y las artes en general; hacer programaciones asequibles y de calidad de todos los medios artísticos, ofrecer espacios baratos a los creadores y, sobre todo, dejar hacer. A este respecto es curioso el sutil recordatorio de «la movida» que encontramos en *Soñar Madrid*, un artículo firmado por la eurodiputada Francisca Sauquillo, que se publico en *El País* el 7 de marzo de 2002:

> «Una vez Madrid fue capital de Europa, precisamente cuando se decidió que los vecinos tenían derecho a conocer cuantas creaciones artísticas se realizaban en el mundo y se les facilitaba participar en la creación mediante el pleno uso y rendimiento de los centros culturales de distrito, la conservación de eventos culturales anuales, la programación de los centros municipales, la colaboración con la iniciativa privada y el apoyo del Ayuntamiento a las programaciones artísticas de cafés y foros privados. Era cuando al ciudadano se le animaba a ser sujeto activo de la cultura, no mero receptor cultural sin capacidad para la protesta, condenado al silencio. La regeneración cultural es la llave de una ciudad nueva. Y nadie está

hablando en estos términos porque las grandes preocupaciones culturales de los gobernantes son que al anochecer permanezcan en sus casas todos los vecinos y, frente a los jóvenes, ganarles la batalla del botellón, que, si no se le da alternativa (en Amsterdam, el municipio abrió una gran nave donde podían cobijarse los jóvenes), está perdida de antemano. El ejemplo de Barcelona es ilustrativo, como ayer el de Amsterdam y hoy el de Berlín. A más cultura, menos botellón, y al exceso de botellón, mayor posibilidad de acceso a los locales juveniles, evidentemente sin dispensa de alcohol.»

Televisión / alienación

Cuando antes enumerábamos las iniciativas que se podían tomar para incentivar la cultura dejamos deliberadamente para más tarde una que consideramos la más urgente y necesaria: afrontar seriamente una reforma del modelo televisivo. Si no se controla el poder hipnótico de ese moderno leviatán, lo llevamos claro. Es una tarea titánica y difícil, algo para lo que sería necesario un auténtico pacto de estado. Nunca en la historia de la humanidad se había dispuesto de un instrumento tan poderoso de comunicación e influencia. Una televisión que emitiese buen cine, interesantes documentales, programas educativos específicos, noticiarios sin propaganda, música de nivel, teatro de altura y diversión inteligente sería, más que recomendable, necesaria. Todos saldríamos ganando con el cambio. Todos menos sus dueños, ese es el problema. El funcionamiento interno de este medio es un fiel reflejo de la sociedad en la que se produce. Aquí y ahora, la televisión no es más que una empresa y, como tal, su función es ganar dinero. Si para obtener beneficios es necesario que sea mala y denigrante, lo será; si se precisa una televisión embrutecedora y cruel, la tendremos. La televisión es una empresa muy cara, hasta la carta de ajuste sale por un riñón. Programas que no alcancen la audiencia suficiente, por más avalados que estén por premios internacionales o aplausos de la crítica, son y serán retirados de la emisión sumariamente. Además, siempre se cuenta con el argumento falaz de que no se hace más que dar al público lo que desea ver. Si partimos de una masa de espectadores de bajo nivel cultural, no hay más que mantenerlos en ese estado para que se solacen viendo cualquier basura. Si se les quita la golosina de bazofia, lloran como lo que son: niños sin educar. El argumento se cierra y las televisiones pueden volver a perpetrar sus delitos de lesa humanidad con los programas más condenables.

Ante tanta infamia las emisoras estatales deberían ser un remanso que, lejos de doblegarse al imperativo economicista de las privadas, mirase por el bien común. Sin embargo, las televisiones institucionales están al servicio del Estado, lo que no quiere decir que estén al de los ciudadanos, lo cual es evidente a poco ingenuos que seamos. La televisión como elemento normalizador del orden establecido es un instrumento que para sí habría querido el doctor Goebbels, que se tenía que apañar con la radio para sus excesos. Los modernos aprendices de brujo de izquierda, centro y derecha la usan exclusivamente para sus cosillas.

No estamos descubriendo nada al decir estas cosas y puede parecer un poco exagerado este feo retrato de la televisión, pero la realidad es aún peor: otros muchos medios tienden a comportarse como la televisión. La bicha tiene muchas cabezas. En su último ensayo publicado, *El desprecio de las masas*, Peter Sloterdijk define la sociedad actual como una masa vacía, compuesta de partículas aisladas que sólo tienen en común el tener puesta la atención en un mismo referente desde el aislamiento de sus cubículos. Ese tótem que vertebra las sociedades contemporáneas es la televisión. Puede que no conozcamos a los vecinos de nuestro mismo edificio, pero vemos los mismos programas de televisión. Y los jóvenes también los ven, y allí se muestran constantemente modelos sociales de juventud aculturizada y ridículamente frívola, cuando no arquetipos de éxito social que se fundamentan en la musculación, el cotilleo, la ausencia de una moral pública o privada, la fe en el azar, el seguidismo o la brabuconería. Con semejantes ejemplos, que beban en la calle es casi lo de menos.

Familia

Son constantes las llamadas a los padres para que se hagan cargo de sus hijos e impidan que éstos beban y barbaricen por las calles hasta altas horas de la madrugada. Se insiste en que la socialización y el aprendizaje cívico dependen en buena medida de las familias y que no se puede dejar todo en manos de los educadores, porque éstos no dan tanto de sí. Los padres de hoy, por lo visto, son unos irresponsables que no quieren ocuparse de sus hijos, no les dedican tiempo y les dejan demasiado larga la cuerda. Puede que haya algo de verdad en todo esto, pero hay más, siempre hay más. Hace apenas cuatro décadas, cuando el modelo familiar no estaba tan diversificado como ahora, la familia mononuclear era uno de los pilares del Estado. El padre trabajaba y la madre se quedaba cuidando la casa y los hijos. Sigue sucediendo, en algunos casos. En otros muchos sólo hay un padre, con lo cual trabaja todo el día y raramente ve a su parentela. Lo más curioso es que incluso en familias con los dos padres se da con frecuencia el mismo esquema: ambos salen a trabajar, llegan tarde a casa, dan las buenas noches a los niños y hasta mañana. La vida familiar se reduce al mínimo. Algo habrá pasado en la sociedad para que hayamos pasado de un modelo en el que con el sueldo de una persona se mantenía una familia –con frecuencia numerosa – y ahora no llegue con el sueldo de dos. ¿Habrán bajado proporcionalmente los sueldos más de lo aconsejable? Cabe la posibilidad de que si se les apretara menos a los trabajadores la ubre de segregar plusvalías, todavía les quedara algo de tiempo –organizándose en familia – para ocuparse de sus retoños. Incluso para ocuparse de ellos mismos, para no estar todo el día mirando la tele, para formarse un poco, porque mal se puede ejercer de padre cuando no se tiene ningún ejemplo que ofrecer, ni respuestas a los muchas interrogantes que plantea la vida.

Entorno urbano

En España vivimos, por lo general, en ciudades con una larga tradición a sus espaldas. Tenemos bonitos y laberínticos cascos históricos, rincones pintorescos y barrios con sabor antiguo. El centro de nuestras ciudades se construyó pensando en una población mucho menor que la actual, en un tipo de sociedad diferente y, desde luego, mucho antes del invento del automóvil. La adecuación de esos centros históricos a la dinámica actual no es en absoluto imposible, no hay más que pensar con la cabeza en vez de con la cartera. Desgraciadamente, las máquinas de generar dinero en que se han convertido algunos de nuestros ayuntamientos se empeñan en sacrificar la solera de los barrios viejos –y la convivencia entre sus vecinos – en el altar del sacrosanto beneficio. En algunos círculos consistoriales ha cundido la idea de que hay que rentabilizar el centro de las ciudades. En estas zonas, habitualmente habitadas por personas de pocos recursos económicos, se acumulan problemas urbanos diversos: «chavolismo vertical», falta de equipamientos sociales, permanentes atascos de tráfico, etc. Con el tiempo se acaban convirtiendo en guetos marginales. La solución, por lo visto, es adoptar el modelo norteamericano de ciudad, transformando el centro en un *downtown* de oficinas, ocio y servicios. La gente, como en USA, que viva en las afueras; los pudientes en un chalet adosado y el resto en ciudades dormitorio. Este modelo, además de una horterada de muy mal gusto, es una barbaridad de imposible puesta en práctica. Una cosa es que en una ciudad de nueva planta, como Phoenix, se pueda llevar a cabo este urbanismo tan simplista y castrense, y otra muy diferente que se pueda adaptar la arquitectura urbana de una ciudad vieja a semejantes usos y costumbres. Lo que sí es cierto es que vaciando el centro de la ciudad de habitantes se consiguen unos rendimientos económicos evidentes, pues es seguro que las infraviviendas en las que sobreviven los viejos y los emigrantes serán mucho más rentables convertidas en oficinas. Lo mismo se puede decir de los comercios de barrio –mercerías, ultramarinos, panaderías, etc.–, que serán ventajosamente substituidas por otro tipo de establecimientos. Ya está sucediendo. El centro de Madrid, por ejemplo, ya no es una sucesión de barrios para ser vividos, con sus tiendas y sus plazas, sino un inmenso parque temático de ocio nocturno –bares, bares y bares – y negocio diurno –bancos, bancos y bancos –. Ahora resulta que los chicos se agolpan en las calles y plazas del centro para correrse sus juergas, reproduciendo por la noche los atascos que los coches generan por el día. Si hemos creado unas ciudades en las que todo se hace en masa en los mismos lugares y a las mismas horas, las aglomeraciones de cualquier tipo están servidas. Las de coches circulando se llaman embotellamientos; las de chicos bebiendo, botellón.

Trabajo

Como este tema ya ha sido tratado largamente en el anterior capítulo, apenas haremos unas últimas reflexiones. En la mente de todos están los últimos recortes en los derechos laborales. Es una constante en los últimos años retroceder en esta materia todo lo que se avanzó a lo largo de buena parte del siglo XX. En esto también imitamos a los cangrejos. Ahora la vanguardia del pensamiento político, único y unidireccional, es el libre mercado, lo que antes se llamaba capitalismo y al que los aficionados a las redundancias denominaban como capitalismo salvaje. Según esta teoría económica vivimos en el mejor de los sistemas posibles, ya que el mercado dicta las reglas, se autorregula y redistribuye la riqueza, así que sólo hay que preocuparse de buscar el beneficio empresarial, y a partir de ahí el maná caerá sobre toda la sociedad. Pero para que eso funcione hace falta «menos Estado», esto es, menos Seguridad Social, menos pensiones, menos subsidios y menos seguridad laboral, luego hay que «flexibilizar el mercado de trabajo» tanto como puedan aguantar las articulaciones del cuerpo social. Para perpetrar toda esta serie de medidas es muy conveniente tener una población con el criterio bastante dado de sí, y de esta nueva «flexibilización» se encarga el potro mental de la televisión, como veíamos antes. En este sentido es muy conveniente empezar a ejercitar la elasticidad del personal desde muy jóvenes, que ya se sabe que es la mejor edad para este tipo de gimnasias.

EL CUELLO DE LA BOTELLA

Antes de cerrar el chiringuito, una última vuelta de tuerca a las leyes dispuestas por el Gobierno para el control del botellón. Desde que saltó a la actualidad mediática, las altas instancias han entendido este fenómeno como una bestia bicéfala. Por una lado había que poner coto al consumo de alcohol por los menores de edad. Por otro, garantizar el derecho de los ciudadanos al descanso y a la amable convivencia en su entorno. Para conseguirlo se ha diseñado un cuerpo legal de dificultosa aplicación que se basa en dos puntos fundamentales: restricciones en la venta de alcohol y regulación de su consumo callejero, todo ello acompañado de una batería de sanciones económicas o «ejemplarizantes». Lo que no se ha propuesto por ninguna instancia es estudiar las causas últimas del botellón. Con decir que es poco más que una «manía» que les ha entrado a los jóvenes, una moda pasajera producto de la «cultura del alcohol» en que vivimos inmersos, ya está todo explicado. En el «Congreso del Botellón», que se organizó con tanta pompa y boato y acabó con tanto silbido y abucheo, el entonces Ministro de Interior, Mariano Rajoy, acertó a soltar esta frase: «El consumo de alcohol entre los jóvenes tiene relación con el fracaso escolar, el desarraigo social y familiar, con la adopción de conductas violentas, con la mortalidad en los accidentes de tráfico y con innumerables problemas de salud física y mental». Cuando el señor ministro iba señalando las posibles causas y efectos del botellón llegamos a alimentar la esperanza de que siguiera: «... con la precariedad laboral, con la falta de cultura, con los escasos medios de la educación pública, con el disparatado precio de la vivienda, con el estrés de la competitividad...». No hubo nada de eso, claro. La filípica ministerial fue de las de arranque de caballo y parada de burro. Finalmente, las leyes que se han aprobado son, como se sabe, delicadamente restrictivas. En un país como el nuestro es conveniente tocar el tema del consumo de alcohol con algodones y no obligar a toda la masa social de los bebedores a pasar por un cuello de botella demasiado estrecho. Porque aquí se aguanta lo que sea, oiga, pero si no nos dan de beber...

EL FIN DE LA HISTORIA

Lo del botellón, desde luego, no es ninguna revuelta social, tan sólo una expresión de malestar. Hemos pasado del desencanto al malestar. El desencanto era patrimonio de una generación anterior, esa que había estado «encantada» –como las serpientes– por el embrujo de que se podrían cambiar las cosas. Era la última edición del viejo sueño español de «ya vendrán los míos». Lo malo es que vinieron, hicieron de las suyas y nos dejaron en manos de los de siempre. ¿Quién va a encantar a los jóvenes de ahora? Sólo pueden confiar en ellos mismos y en su malestar. Los dispersos movimientos anti-globalización y similares pueden ser una punta de lanza, pero es demasiado feble por el momento. El resto parece escapismo, aceptación de las reglas, estupor somnoliento y poco más. Será que el «pensamiento único», como la procesión, va por dentro.

Hace poco más de una década se decretó el «fin de la historia». Con la caída del Telón de Acero y la rendición –vencido y desarmado una vez más – del Ejército Rojo, se había acabado lo que se daba. Y se daba poco. Al buen entender de los analistas del sistema, ya todo iba a ser un plácido discurrir de los años mientras el mundo entero se impregnaba de los beneficios universales de un orden homogéneo y, por supuesto, de libre mercado. La paz de la inmovilidad no ha durado mucho, como se ha podido comprobar. Puede –sólo puede – que los movimientos juveniles de cualquier tipo, incluida la nimiedad del botellón, producto de un malestar amorfo y acomodado, señalen las grietas de fractura de un sistema que definitivamente no funciona bien para todos. También es posible que todo esto de lo que hemos hablado no sea más que lo que parece: la borrachera iniciática de una juventud inerme. La historia, en cualquier caso, sigue.

Bibliografía

ALBARDÍAS Y OTROS (1999): *Las políticas afirmativas de juventud; una propuesta para una nueva condición juvenil,* Ayuntamiento de Barcelona.

DANIEL CLOWES (1999): *Bola ocho* (nº 2), Ediciones La Cúpula.

DOUGLAS COUPLAD (1993): *Generación X,* Ediciones B.

ELLIOTT MURPHY (1996): *Donde las mujeres están desnudas y los hombres son ricos,* Ediciones Celeste.

HERBERT MARCUSE (1971): *El fin de la utopía,* Siglo XXI.

IRENAÜS EIBL-EIBESFELDT (1972): *Amor y odio,* Siglo XXI.

LORENZO CHACÓN RODRÍGUEZ (2000): *Juventudes y empleos: perspectivas comparadas,* Instituto de la Juventud.

MARÍA LUZ MORÁN Y JORGE BENEDICTO (2000): *Jóvenes y ciudadanos,* Instituto de la Juventud.